HISTOIRE

DU DONJON ET DU CHATEAU

DE VINCENNES.

Evasion du Duc de Beaufort.

HISTOIRE

DU DONJON ET DU CHATEAU

DE VINCENNES,

DEPUIS LEUR ORIGINE JUSQU'A L'ÉPOQUE
DE LA RÉVOLUTION;

CONTENANT des particularités intéressantes sur les Princes, les Rois, les Ministres, et autres personnages célèbres qui ont habité Vincennes;

ET sur les prisonniers qui y ont été renfermés, principalement pendant les règnes de Louis XIII, Louis XIV et Louis XV; avec un précis historique des guerres civiles dans lesquelles figurèrent les principaux prisonniers du Donjon, depuis le règne de Charles V jusqu'à l'époque de la suppression de cette prison d'état.

PAR L. B.

38119.

TOME SECOND.

A PARIS,

CHEZ { BRUNOT-LABBE, Libraire, rue de Grenelle Saint-Honoré, n°. 15;
LEROUGE, Libraire, Cour du Commerce, Maison de Rohan.

1807.

HISTOIRE

DU DONJON ET DU CHATEAU

DE VINCENNES,

DEPUIS L'ORIGINE DE LA MONARCHIE FRANÇAISE, JUSQU'AU RÈGNE DE LOUIS XV INCLUSIVEMENT.

CHAPITRE XIX.

Particularités relatives aux prisonniers d'état renfermés dans le donjon de Vincennes, au commencement du dix-septième siècle.—Henri de Bourbon Condé, premier prince du sang.—Le maréchal d'Ornano.—Le duc de Vendôme et son frère, le chevalier de Vendôme, grand-prieur de France, tous les deux fils de Henri IV.

Au commencement du XVIIme. siècle, on vit un exemple bien extraordinaire des caprices de la fortune, qui se joue à son gré des titres et des grandeurs humaines. Henri de Bourbon Condé fut arrêté et renfermé successivement à la Bastille et au donjon de Vincennes, comme s'il n'eût été qu'un simple particulier; il resta plus de trois ans dans ces prisons d'état: après lui, son fils, illustré par d'éclatantes victoires, partagea cette triste destinée.

Henri de Bourbon Condé mettoit beaucoup de hauteur dans sa conduite; non-seulement il ne pouvoit souffrir Concini, mais il protégeoit publiquement tous ceux qui détestoient, ainsi que lui, ce favori de la fortune. Bien sûr d'être approuvé de ce prince, le duc de Longueville osa s'emparer, à main armée, de Péronne, dont Concini étoit gouverneur. Longueville défendit même cette place contre les troupes que Marie de Médicis lui opposa. Cette princesse manqua de fermeté; l'occasion étoit décisive; elle laissa ainsi s'accréditer le bruit que Condé étoit le maître, et qu'elle étoit absolument sans aucune autorité.

Cependant la foiblesse qu'on reprochoit à la reine n'étoit qu'apparente, et elle ne tarda pas à montrer plus de fermeté. Condé, Vendôme, Mayenne et Bouillon, chefs de la faction opposée à la cour, ayant été avertis que la reine songeoit à la vengeance, convinrent de ne se jamais trouver au Louvre ensemble. Cette précaution en sauva trois : le prince de Condé paya pour tous.

S'étant rendu chez la reine-régente le 1er. septembre 1616, pour assister au conseil, il y trouva le jeune roi qui le reçut aussi bien qu'à l'ordinaire. Sous prétexte de quelques affaires importantes, la reine fit appeler son fils dans son cabinet; et aussitôt Themines, capitaine des gardes, abordant le prince, qui étoit serré sans affectation par les deux fils de cet officier, lui demande son épée de la part du roi, et le fait prisonnier. Il fut détenu vingt-quatre jours dans l'appartement de Themines, au Louvre, avant d'être conduit à la Bastille.

Les ordres étoient donnés pour arrêter en même temps Vendôme, Bouillon, Mayenne, Cœuvres, Joinville et Guise; mais, avertis à temps de l'arrestation du prince de Condé, tous se hâtèrent de quitter Paris. Quelques-uns d'eux tâchèrent en partant de soulever le peuple. La douairière de Condé parcourut tout en larmes les rues, en criant qu'on assassinoit son fils, et exhortant les Parisiens à prendre les armes; mais ces tentatives n'aboutirent qu'à émouvoir la plus vile populace, qui courut en grand nombre devant deux des magnifiques hôtels du maréchal d'Ancre, enfonça les portes, brisa les fenêtres, pilla ses meubles somptueux et ceux de Corbinelli son secrétaire, sans la moindre effusion de sang. La cour voyoit avec une secrète joie que la fureur du peuple s'épuisât sur des meubles et des bijoux; elle en avoit appréhendé des effets plus dangereux.

Le 6 du même mois de septembre,

Louis XIII alla au parlement tenir son lit de justice. Il y déclara qu'il avoit eu une extrême douleur de s'être vu contraint à user de son autorité contre son cousin; mais que la cabale formée sous le nom de ce prince s'étoit portée à des excès qu'une plus longue tolérance auroit rendus irrémédiables.

« Ces excès, dit le chancelier, sont des
» assemblées nocturnes à l'hôtel de Condé
» et ailleurs; des démarches pour exciter
» la noblesse à prendre les armes dans les
» provinces, pour engager les capitaines
» de la bourgeoisie de Paris à se déclarer,
» et les prédicateurs à tonner en chaire
» contre les prétendus désordres du gou-
» vernement. Ils ont enfreint, ajouta-t-il,
» le traité de Loudun, par la prise de Pé-
» ronne et d'autres places. Le roi a des
» avis certains qu'ils vouloient se saisir de
» sa personne et de la reine sa mère, et se
» cantonner dans les provinces, sans com-
» mission du roi : enfin, on sait, à n'en
» pouvoir douter, que quelques partisans

» du prince ont été assez hardis pour lui
» suggérer des prétentions au trône, et
» qu'ils avoient entre eux un mot de ral-
» liement qui exprimoit ce dessein. »

Ce mot de ralliement étoit *barre à bas.*
En voici la signification. Dans les armoiries de Bourbon Condé se trouve une barre qui n'est point dans les armes des rois de France. Ce cri de ralliement indiquoit donc le desir qu'avoit le parti que cette barre fût ôtée, et que le prince de Condé pût monter au trône de France.

Les princes fugitifs s'étoient retirés à Soissons, où ils faisoient bonne contenance, quoiqu'ils n'eussent ni troupes ni argent. Au lieu de les poursuivre, la reine envoya deux de ses affidés négocier avec eux. Dans cet intervalle, on transféra à la Bastille le prince de Condé, qui jusqu'alors avoit été gardé au Louvre. L'accord avec les mécontens se termina sans peine, et il ne fut nullement question de la liberté du prince, dont on ne parla même pas; de sorte qu'il ne lui resta d'espérance que dans l'infidélité de ses gardes; mais sans succès, le projet d'évasion ayant été éventé. Du côté de la cour, toute ressource lui fut aussi enlevée : un changement dans le ministère exclut tous ceux dont il pouvoit se promettre de bons offices.

Ce prince, comme oublié de toute la France, passoit des jours fort tristes à la Bastille : il fut d'abord gardé par le comte de Lauzière, fils aîné de Themines, fait maréchal de France pour prix de cette arrestation. Lauzière se retira le 19 décembre 1616; il fut remplacé par un officier nommé du Thiers, affidé du maréchal d'Ancre; et après la mort tragique de ce favori de Marie de Médicis, ce fut le baron de Persan, beau-frère du maréchal de Vitri, et lieutenant de roi de la Bastille, qui fut chargé spécialement de la garde du prince de Condé.

Le 15 septembre 1617, ce prince fut transféré de la Bastille au donjon de Vincennes, sous l'escorte de trois compagnies suisses, deux compagnies de gardes-françaises, cinquante gendarmes et autant de chevau-légers, commandés par Bassompierre, qui devoit être, à son tour, renfermé pendant douze ans à la Bastille. On confia la garde de Condé au baron de Persan, fait commandant de ce château. La princesse de Condé, exemple de tendresse conjugale, s'enferma avec son époux, et y accoucha d'un fils, qui mourut quelques jours après sa naissance.

C'étoit cette même princesse de Condé dont Henri IV étoit devenu si passionnément amoureux, et que le prince son époux avoit enlevée, pour ainsi dire, pour la soustraire aux séductions du monarque.

Bournonville, gouverneur de Vincennes, ayant paru suspect aux ministres qui régnoient sous le nom du jeune roi, y fut à son tour détenu prisonnier, ainsi que le baron de Persan son frère, qui devint captif dans un lieu où il commandoit quelques jours auparavant.

Le duc de Luines, favori de Louis XIII, forma le dessein, en 1619, de faire rendre la liberté au prince de Condé; il espéroit le gagner et s'en faire un appui : il y avoit d'ailleurs trois ans que ce prince languissoit en prison. Les grands seigneurs commençoient à murmurer de cette longue détention; le ministère savoit aussi qu'il y avoit eu récemment des intrigues pour obtenir l'élargissement de cet illustre prisonnier par le moyen de la reine-mère; enfin, on avoit promis à Condé de songer à lui, quand les affaires suscitées par l'ambition de cette princesse seroient finies. Les sollicitations de Luines furent donc favorablement accueillies, sur-tout d'un monarque déjà disposé à cet acte de justice. On commença par adoucir la rigueur de la prison du prince, en lui permettant de voir ses amis. Pendant une maladie grave dont il fut attaqué sur la fin de mars 1619, le gouvernement enjoignit aux évêques d'ordonner des prières pour sa guérison. Le roi, non content de s'informer tous les jours de sa santé, lui renvoya, le

8 avril, son écharpe et son épée, et lui écrivit en ces termes :

« Mon cousin, je suis bien mari de votre
» maladie, et vous supplie de prendre pa-
» tience ; je vais donner ordre aux affaires
» de mon état, et vous donnerai conten-
» tement à votre liberté ; tranquillisez-vous
» donc, et vous assurez de mon amitié.

» LOUIS. »

Lorsqu'il fut en convalescence, on lui permit de sortir du Donjon pour passer dans un appartement du château, d'entendre la messe dans la Sainte-Chapelle, et de voir quelquefois chasser dans le parc.

Luines vint enfin à Vincennes et apporta au prince de Condé une lettre du roi, ainsi conçue :

« Mon cousin, je ne vous dirai combien
» je vous aime ; je vous envoie mon cou-
» sin le duc de Luines, qui sait les secrets
» de mon cœur et vous les dira plus am-
» plement. Venez vous-en le plus promp-

» tement que vous pourrez, car je vous
» attends avec impatience; et cependant,
» je prierai Dieu qu'il vous ait en sa sainte
» garde.

» LOUIS. »

Dès que le prince eut reçu cette lettre, Luines fit retirer ceux qui le gardoient; il le mena ensuite dans le parc avec la princesse de Condé, cette tendre épouse si digne de servir de modèle à toutes les femmes ; ils se promenèrent tous trois ensemble. Le prince et la princesse couchèrent encore au Donjon la nuit suivante, et n'en sortirent que le lendemain, 20 octobre, pour aller trouver le roi à Chantilli. Le monarque écrivit aussitôt à la reine sa mère, pour lui faire part de l'acte de justice qu'il venoit d'exercer : il ne parut point lui être désagréable ; mais elle fut vivement piquée de la déclaration publiée dans le mois de novembre en faveur de Condé. Cette déclaration étoit la plus avantageuse que ce prince pût desirer. Mais qu'il étoit difficile de lui faire oublier l'outrage de sa longue prison!

Cependant, depuis sa sortie du donjon de Vincennes, il ne se détacha jamais des intérêts du roi. Mécontent de la paix qu'on fit avec les protestans, au mois d'octobre 1622, après la prise de Montpellier, il partit de France pour aller à Notre-Dame-de-Lorette, espèce de pélerinage aussi édifiant que singulier dans un prince du sang.

Quoique les aïeux de ce prince eussent embrassé la nouvelle réforme, il fut toujours l'ennemi capital de ceux de cette religion. En 1636, il commanda une armée en Franche-Comté, et ne fut pas heureux devant Dôle, dont il avoit formé le siége. Il réussit mieux dans le Roussillon, quatre ans après. A la mort de Louis XIII, il fut établi chef du conseil et ministre d'état sous la régence. Il perdit, en vieillissant, la belle physionomie qu'il avoit eue pendant sa jeunesse : dans ses dernières années, les femmes le trouvoient sale et vilain : ce n'étoit pas sans raison ; ses yeux fort gros étoient bordés de rouge ; il tenoit sans cesse sa barbe négligée, et il avoit ordinairement ses cheveux très-gras ; il les passoit toujours derrière ses oreilles. Ce prince mourut à Paris, le 26 décembre 1646, le lendemain de Noël, vers minuit. Sa plus grande gloire est d'avoir été le père du grand Condé. Sa femme, belle et vertueuse, n'eut pas trop lieu de regretter un tel époux. C'est ce qui fit dire à madame de Rambouillet, que cette princesse n'avoit jamais eu que deux belles journées avec monsieur le prince, le jour de son mariage, à cause du haut rang où il l'éleva, et le jour de sa mort, par la liberté qu'il lui rendit et les grands biens dont il lui laissa la jouissance.

Un personnage d'un rang moins éminent vint, au bout de quelques années, habiter le donjon de Vincennes. Ce fut le colonel d'Ornano, Corse d'origine, qui avoit succédé, en 1621, au comte du Ludes, dans la place de gouverneur du duc d'Orléans, frère du roi. Pour détruire l'effet de l'éducation négligée et presque nulle qu'avoit reçue ce prince naturellement indolent, le colonel d'Ornano employa un moyen qui pouvoit être efficace, mais qui étoit dangereux, et qui le fut en effet : il excita l'émulation du prince, en lui faisant entrevoir la succession du trône, en sa faveur, comme un événement probable, et peut-être même comme prochain, puisque le roi étoit d'une santé foible et n'avoit point d'enfans. A force d'inspirer ces idées à Gaston, d'Ornano s'en pénétra lui-même : il se persuada qu'on ne pouvoit refuser à l'héritier présomptif de la couronne la connoissance des affaires politiques, qu'il régiroit sans doute un jour. Sur ce fondement, il engagea Gaston à demander l'entrée au conseil. On soupçonna, dans cette démarche, moins d'ambition de la part du prince que de la part de son gouverneur. Le conseil décida de faire tomber sur le favori la punition de la demande inconsidérée du prince :

mais d'abord on employa les voies de la douceur. On lui fit dire de solliciter la permission de s'éloigner de son altesse royale. D'Ornano écrivit au roi pour lui exposer les raisons qui l'empêchoient de déférer à cet ordre : il finit par supplier le roi de trouver bon qu'il entrât plutôt dans la Bastille, pour rendre compte de ses actions et établir son innocence. Les mesures de la modération paroissent inutiles, on résolut d'employer celles de la sévérité. Quelques jours après que d'Ornano eut écrit à Louis XIII, Boislouet, exempt des gardes-du-corps, vint lui dire que le roi lui commandoit, pour la dernière fois, de se retirer au Pont Saint-Esprit. Il répondit qu'il persistoit dans les raisons qu'il avoit fait savoir au roi : alors l'exempt aux gardes lui déclara qu'il avoit ordre, s'il n'obéissoit, de le conduire sur-le-champ à la Bastille. D'Ornano demanda aussitôt son manteau, et se rendit à la Bastille avec beaucoup de fermeté.

Lorsque les ministres s'aperçurent que

la disgrace du colonel d'Ornano ne diminuoit point l'affection qu'avoit pour lui le frère du roi, ils firent transférer le prisonnier au château de Caen.

Mais la prison ne fit que suspendre l'ambition du colonel sans la réprimer, ainsi que nous allons le voir.

Le 13 août de la même année 1624, le ministre la Vieuville, principal auteur des persécutions suscitées au colonel, fut disgracié lui-même et envoyé à Amboise. Dès que le cardinal de Richelieu, qui étoit la cause de cette disgrace, eut l'autorité en main, il voulut plaire à Gaston, et à cet effet il lui rendit d'Ornano, qu'il fit même rétablir dans toutes ses charges, excepté dans celle de gouverneur, ce prince n'étant plus en âge d'en avoir. D'Ornano fut créé chef de sa maison.

Il ne jouit pas long-temps d'une faveur tranquille, soit à cause de l'empire qu'il exerçoit sur l'esprit de Gaston, soit à cause de l'extrême ambition de sa femme, qu'on appeloit la marquise de Montlaur,

avant

avant que d'Ornano eût été fait maréchal de France. Les sollicitations du duc d'Orléans, pour être admis à la connoissance de l'administration, recommencèrent avec autant de vivacité qu'autrefois ; Richelieu en conçut à son tour de l'ombrage. En adroit politique, il opina dans le conseil à donner au colonel le bâton de maréchal de France, faveur distinguée, disoit-il, qui devoit mettre un frein aux prétentions de cet officier. Le 8 janvier 1626, d'Ornano fut élevé à ce grade honorable, sans avoir jamais servi. Mais il ne tarda pas à éprouver l'inconstance de la fortune. On l'accusa d'exciter Monsieur à resister aux volontés du roi son frère, et à refuser la main de mademoiselle de Montpensier, la plus riche et la plus belle personne qu'il y eût à la cour. La reine-mère vouloit ce mariage. Le prince, trop jeune pour sentir l'utilité d'une telle alliance, en étoit même détourné par la plupart de ses courtisans, qui se flattoient de le mieux conduire à leur gré tant qu'il mèneroit une vie indépendante. Le maréchal d'Ornano ne desiroit pas non plus que ce prince épousât mademoiselle de Montpensier ; il auroit préféré une princesse étrangère, dont l'alliance eût pu faire espérer des secours de troupes et d'argent, en cas de besoin.

Il se forma alors une espèce de conspiration, non-seulement pour empêcher le mariage de Gaston, mais encore pour chasser le cardinal de Richelieu ou l'assassiner. On parla même de détrôner le roi et de l'enfermer dans un couvent, comme ayant l'esprit aliéné ; de faire épouser la reine Anne d'Autriche à Gaston d'Orléans, et de l'élever sur le trône avec elle. Le cardinal reçut de toutes parts des avis à ce sujet ; il découvrit les auteurs de ces trames, et conseilla au roi de faire arrêter le maréchal d'Ornano qui en étoit l'ame et le chef. En vain chercha-t-on à ramener ce maréchal ; en vain le marquis de Fontenai-Mareuil, son intime ami, eut-il l'ordre de l'assurer que s'il vouloit porter

Monsieur à consentir au mariage, le roi lui laisseroit la disposition de toutes les charges de la maison de Madame ; il résista : on résolut alors de se saisir de sa personne. Le 4 mai 1626, la cour étant à Fontainebleau, sur les onze heures du soir, un garçon de la chambre, nommé Larivière, vint dire au maréchal d'Ornano que le roi le demandoit. Le maréchal quitta aussitôt son souper pour se rendre à l'appartement du roi. A peine y fut-il arrivé, que le capitaine des gardes lui déclara qu'il avoit ordre de l'arrêter. Il fut d'abord conduit dans la chambre où le maréchal de Biron avoit été mis du temps du feu roi.

Un des exempts de la garde arrêtoit en même temps, chez le duc de Rohan, le sieur de Chaudebonne, premier maréchal-des-logis de la maison de Monsieur.

Le lendemain, le maréchal d'Ornano et Chaudebonne furent conduits séparément au donjon de Vincennes, dont on donna le commandement au sieur de Hécourt, avec ordre de faire garder à vue les deux prisonniers par quatre mousquetaires.

D'Ornano y arriva sous l'escorte des chevau-légers et des mousquetaires du roi, et de cent soixante soldats du régiment des gardes, qui restèrent dans le Donjon.

Au moment qu'on les conduisoit à Vincennes, Testu, Chevalier-du-Guet, reçut une lettre signée de la main du roi, qui lui ordonnoit d'arrêter les deux frères du maréchal d'Ornano; de saisir leurs papiers ainsi que ceux du maréchal, et d'y mettre les scellés.

Gaston pleura, fit des menaces, alla porter ses plaintes au roi son frère, qui connoissant son caractère foible, n'eut pas de peine à calmer ses premiers emportemens : il lui fit des promesses qu'il n'avoit pas l'intention de tenir.

Comme on craignoit l'ascendant de la maréchale d'Ornano sur le prince, et qu'elle ne le soutînt dans son ressentiment, on l'exila à trente lieues de la capitale ; mais cette femme habile eut l'attention de laisser, en partant, auprès de Gaston, un gentilhomme, nommé Delphini, chargé de la suppléer. On fit promettre au prince de ne rien agréer de ce que la cour pourroit proposer relativement au prisonnier, sans le consentement de cette espèce d'agent.

Gaston montra beaucoup d'ardeur pour obtenir la liberté de son favori, se chargeant lui-même de faire les démarches nécessaires. Mais ce zèle se ralentit insensiblement ; et quand le cardinal vit que le prince commençoit à prendre cette affaire moins à cœur, il lui fit insinuer qu'il devoit s'en décharger sur quelque personne de confiance avec qui on traiteroit. Cet expédient, qu'on ne savoit pas inspiré par Richelieu, plut à la maréchale d'Ornano, qui étoit toujours consultée dans son exil : elle se flatta de trouver plus d'activité et de diligence dans un homme accoutumé au travail du cabinet, que dans un jeune prince captivé par les plaisirs. On indiqua donc le président le Coigneux, à qui Gaston remit la conduite de cette négociation. A peine fut-il choisi, que des gens gagnés firent entendre à ce président qu'il pouvoit rendre un grand service à l'état, en inspirant à Gaston plus de soumission aux volontés de son frère; ils ajoutèrent que si ce prince montroit toujours la même obstination à protéger une personne disgraciée, et à refuser mademoiselle de Montpensier, peut-être rendroit-on le négociateur responsable de cette opiniâtreté, comme si elle étoit le fruit de ses conseils; au lieu que le roi ne pourroit que lui savoir gré du parti plus sage, auquel son frère se détermineroit. Par ce moyen, Richelieu eut bientôt mis dans ses intérêts un homme établi pour soutenir ceux du malheureux d'Ornano.

Ce dernier ne survécut pas long-temps à la ruine entière du parti qu'il avoit formé à la cour. Il n'eut d'autre compagnie au donjon de Vincennes, que celle de ses

gardes et d'un chanoine de la Sainte-Chapelle qui venoit lui dire la messe tous les jours, et qui avoit la permission de le confesser. Il fut d'abord servi par les officiers de la bouche du roi; on les lui ôta dans la suite, et le commandant fut chargé de le faire servir par ses gens. Ce changement effraya le maréchal; il craignit que d'Hécourt, qui le traitoit avec beaucoup de dureté, n'eût ordre de le faire empoisonner. Il refusa de manger ce qu'on lui présenta; d'Hécourt eut la cruauté de lui dire : « Vous avez peur qu'on ne vous em-
» poisonne; guérissez-vous de cette crainte,
» car quand le roi le voudra, je vous poi-
» gnarderai de ma propre main sans m'a-
» muser à vous donner du poison. »

Le maréchal, qui avoit la plus grande confiance en son élève, Gaston d'Orléans, apprit par d'Hécourt que ce prince venoit d'épouser mademoiselle de Montpensier, sans avoir stipulé la liberté de son ancien gouverneur. D'Ornano en fut accablé. Attaqué bientôt d'une grosse fièvre et d'une rétention d'urine, il mourut dans sa prison quatre mois après y avoir été enfermé, le 2 septembre 1626, à l'âge de quarante-cinq ans. Il avoit été traité pendant sa maladie par trois des plus fameux médecins de Paris. Son corps fut ouvert après sa mort : on lui trouva de l'eau dans la tête, et les reins entièrement gâtés. Les ennemis du cardinal de Richelieu firent courir le bruit qu'il avoit été empoisonné ; mais le rapport des médecins constata le contraire. A son dernier moment, il pria son confesseur de se rendre auprès du roi, et de lui dire qu'avant de recevoir le viatique, il l'avoit assuré qu'il mouroit innocent des accusations intentées contre lui, et qu'il ne s'étoit jamais démenti de l'obéissance qu'il devoit à sa majesté.

Mais les preuves ou les présomptions étoient si fortes contre le maréchal, que par sa mort il évita le supplice dont il étoit menacé, le parlement s'occupant, par ordre du roi, de l'instruction de son procès.

Son père étoit maréchal de France sous

Henri IV; il avoit mérité d'être élevé à ce grade. On rapporte sur lui une anecdote qui prouve la sévérité de sa justice. Lorsqu'il fut question que Henri IV iroit faire la guerre en Allemagne en faveur des protestans, le père Gontier, jésuite, s'avisa de dire avec feu dans un de ses sermons prêchés devant le roi : « Il seroit à
» propos de tourner les armes contre les
» hérétiques du dedans; ce n'est qu'une
» poignée de gens aisée à exterminer, si
» chacun vouloit seulement balayer de-
» vant soi. » Ces paroles prononcées en présence d'Henri IV, firent craindre aux calvinistes que ce monarque ne suivît les conseils du féroce prédicateur. Le maréchal d'Ornano, ancien gouverneur de Guienne, à qui le roi en parla un jour, lui répondit : « Par notre bonne dame la
» mère de Dieu, si un jésuite, à Bordeaux,
» eût prêché devant moi ce que le père
» Gontier a prêché en présence de votre
» majesté, je l'eusse fait jeter dans l'eau
» au sortir de la chaire. »

On rapporte aussi sur l'aïeul du maréchal d'Ornano, mort au donjon de Vincennes. un trait épouvantable de cruauté, occasionné par les fureurs de l'amour et de la jalousie. Il se nommoit San-Pietro, dit *Bastelica*, et avoit sucé avec le lait une haine héréditaire contre les Génois, qu'on lui peignit de bonne heure comme les oppresseurs de sa patrie. Dès l'enfance il porta les armes contre eux, et devint, par sa bravoure et ses talens militaires, un homme redoutable à cette république. Ses exploits le rendirent célèbre et lui gagnèrent le cœur de Vannina Ornano, fille du vice-roi de Corse, belle et riche héritière, qui l'épousa en secret, quoiqu'il fût d'une famille obscure.

San-Pietro pouvoit vivre tranquille, au moyen de ce mariage avantageux, s'il ne s'étoit persuadé que jamais les Génois ne lui pardonneroient leurs défaites. Plein de ces idées et de nouveaux projets, il se retira en France avec sa femme et ses enfans : il y servit heureusement la cour pendant les guerres civiles du calvinisme ; mais il ne cessoit de susciter des affaires aux Génois : il alla même jusqu'à Constantinople solliciter le Grand-Seigneur d'envoyer une flotte contre eux.

Pendant ce voyage, la république de Gênes, attentive aux démarches de San-Pietro, détacha auprès de sa femme, restée à Marseille, des agens secrets qui l'exhortèrent à revenir dans sa patrie, sous la promesse qu'on lui rendroit ses biens, et dans l'espoir que cette confiance lui feroit obtenir la grace de son mari. La crédule Vannina se laisse persuader ; elle envoie devant elle ses meubles et ses bijoux, et part pour Gênes avec ses enfans. Un ami de San-Pietro, averti à temps, arme un vaisseau, poursuit la fugitive et l'atteint : il la ramène en France et la remet entre les mains du parlement d'Aix, qui lui donne des gardes.

San-Pietro apprend tout à son arrivée de Constantinople. Un de ses domestiques, qui avoit eu quelque connoissance du complot, et qui n'avoit pu s'y opposer, est poignardé de sa propre main : il se rend ensuite à Aix, et redemande sa femme. Le parlement, qui appréhendoit tout de ce mari jaloux et furieux, hésitoit de la remettre en son pouvoir ; mais Vannina, quoique pressentant le sort funeste qui l'attendoit, mais supérieure à la crainte, fait elle-même instance pour être réunie à son époux : on ne peut résister à ses vœux, et ils partent ensemble pour Marseille.

Arrivé chez lui, San-Pietro ne trouve plus aucuns meubles dans sa maison : cette vue lui rend toute sa fureur. Sans s'écarter du respect qu'il conservoit toujours pour sa femme, comme étant d'une naissance infiniment supérieure à la sienne, il lui reproche sa faute, et lui déclare qu'elle ne peut s'expier que par la mort. Il ordonne en même temps à deux de ses domestiques d'exécuter cette horrible sentence. « Je ne fuis pas le châtiment, répond la » tendre Vannina ; mais, puisqu'il faut » mourir, je vous demande pour dernière

» grace que ce ne soit pas de la main de
» ces hommes méprisables, mais par celle
» du plus courageux des hommes, que sa
» valeur m'a fait prendre pour mari. » Le
barbare fait retirer ses domestiques, se
jette aux pieds de son épouse, lui demande
pardon en termes humbles et soumis, et
fait venir devant elle ses enfans afin qu'elle
les embrasse pour la dernière fois : il pleure
lui-même avec l'infortunée sur les tristes
gages de leur amour, et l'étrangle ensuite
de ses propres mains.

San-Pietro part aussitôt pour la cour. La
nouvelle de son crime l'avoit précédé.
On le fait avertir de ne point paroître; il
avance néanmoins, et se présente au roi
(Charles IX). Son audace étonne; on l'écoute : il parle de ses services, en réclame
le prix ; et découvrant sa poitrine couverte
d'honorables cicatrices : « Qu'importe au
» roi, dit-il ; qu'importe à la France la
» bonne ou mauvaise intelligence de Pietro
» avec sa femme! » Tout le monde frémit
d'une barbarie soutenue avec tant de hardiesse ; mais il eut sa grace.

Alphonse d'Ornano, son fils, qui devint maréchal de France sous Henri IV, exécutoit avec le même sang-froid les sentences de mort qu'il prononçoit lui-même contre les soldats. Un de ses neveux ayant manqué à la discipline militaire, vint se présenter à sa table. Alphonse se jette sur lui, le poignarde, demande à laver ses mains, et achève tranquillement son repas.

Dans la même année que le maréchal d'Ornano fut constitué prisonnier au donjon de Vincennes, on y enferma le duc de Vendôme et le chevalier son frère, grand-prieur de France, fils naturels et légitimés de Henri IV. On les accusoit d'être entrés dans la conspiration formée par d'Ornano et une foule de seigneurs. Le chevalier de Vendôme en étoit un des principaux moteurs; il ne déguisoit point sa haine contre le cardinal de Richelieu, qu'il accusoit de détourner les graces que le roi vouloit verser sur sa maison. Il avoit associé à son ressentiment le duc de Vendôme, gouverneur de Bretagne; mais ils se tenoient tous deux éloignés de la cour par politique, et afin d'agir plus en sûreté. Richelieu, instruit de leurs menées, voulut les prendre tous les deux dans le même piége. Voici ce qui arriva. Le roi annonce le dessein d'aller passer l'été à Blois. Le grand-prieur suit la cour, flatté de l'espérance qu'on lui donne, qu'après quelques arrangemens il aura l'amirauté qu'il desiroit. Il se laisse si bien persuader, qu'il conseille au duc de Vendôme, son frère, de quitter la Bretagne et de venir à Blois, où le roi souhaitoit le voir. Cependant, comme le duc montroit quelque défiance, Louis répond au grand-prieur, qui lui faisoit part des craintes de son frère : « Je » vous donne ma parole qu'il peut me » venir trouver, et qu'il n'aura non plus » de mal que vous. » Sur cette parole équivoque, le duc arrive ; et en effet le sort des deux frères devint égal, car ils furent arrêtés tous deux le 1er. juin 1626, et conduits au château d'Amboise. Ils ne tardèrent pas à être transférés au donjon de

Vincennes, où ils furent très-étroitement gardés.

Le grand-prieur n'ayant point assez de force pour supporter son sort, se laissa consumer par le chagrin, tomba malade, et mourut de douleur dans sa prison, le 10 février 1629. On crut généralement qu'il avoit été empoisonné. Il se regardoit si peu comme coupable, qu'il n'avoit jamais voulu faire aucun des aveux qu'on exigeoit, et qu'en mourant il protesta, au contraire, devant le Saint-Sacrement, qu'il n'avoit rien à se reprocher, à moins que ce ne fût un crime d'avoir travaillé à dissuader Monsieur d'épouser mademoiselle de Montpensier.

Le duc de Vendôme, son frère aîné, fit tous les aveux qu'on lui prescrivit. Il ne sortit néanmoins du Donjon qu'après quatre ans et sept mois de captivité; encore fut-il obligé de renoncer à ses gouvernemens, notamment à celui de Bretagne, et de promettre d'aller vivre hors du royaume, avec une modique pension, qui ne lui laissoit

laissoit que le moyen de voyager obscurément. Il fut néanmoins rétabli dans tous ses honneurs, à l'exception du gouvernement de Bretagne, dont il ne conserva que le titre.

Mais voyons-le sortir de sa prison. Le lundi 30 décembre 1630, le marquis de Brézé, l'un des capitaines des gardes du roi, reçut l'ordre d'aller faire sortir du Donjon le duc de Vendôme. A l'instant le marquis monta en carrosse, accompagné de l'évêque de Nantes, et ils se rendirent à Vincennes. Le marquis de Brézé, comme capitaine des gardes, ayant en main son bâton de commandant, monta à la chambre où étoit le duc, dans la compagnie des princes ses enfans, et de plusieurs gentilshommes. Ils descendirent aussitôt. Parvenus dans la cour, l'évêque de Nantes mena le duc de Vendôme dans la Sainte-Chapelle, pour rendre graces à Dieu d'avoir enfin brisé ses fers. Sa prière étant achevée, ils montèrent tous ensemble dans le carrosse du marquis de Brézé, et partirent accompagnés d'environ trente gentilshommes à cheval. En sortant de Vincennes, le duc ne fit aucun présent aux soldats qui l'avoient gardé dans sa chambre, ni à ceux qui étoient de service dans la cour et à la porte du Donjon ; ce qui fut remarqué. Mais on peut, sans ingratitude, s'exempter de récompenser ses geôliers.

CHAPITRE XX.

Particularités sur la détention dans le donjon de Vincennes de Marie-Louise, princesse de Gonzague, reine de Pologne, et de Jean Casimir II, roi de Pologne; et anecdotes intéressantes sur ces deux personnages célèbres.— Détention du duc de Puilaurens à Vincennes, et de plusieurs autres prisonniers de marque.

La jeunesse et les graces qui exercent un empire si infaillible sur la plupart des hommes, ne sauroient pourtant désarmer le despotisme. La belle princesse Marie-Louise de Gonzague, duchesse de Nevers, fille du duc de Mantoue, en fit une cruelle épreuve. Il est vrai que ce fut Marie de Médicis qui la jeta dans les fers; mais des ministres conseillèrent cet attentat contre la beauté et l'innocence.

Gaston, duc d'Orléans, étant devenu veuf, prit du goût pour Marie-Louise de Gonzague, fille du duc de Nevers, qui venoit d'hériter des duchés de Mantoue et du Montferrat. Cette liaison déplut à la reine-mère, dont elle inquiétoit la politique. Au lieu d'employer envers son fils la douceur qui gagne et persuade, elle mit en usage le ton absolu et la violence, pour rompre tout commerce entre Gaston et Marie de Gonzague. Touchés de leur situation, les femmes et les jeunes gens de la cour s'empressèrent de fournir à ces amans les occasions de se voir et de se parler. On les réunissoit dans des fêtes publiques, des parties de chasse, des rendez-vous, auxquels on donnoit un air fortuit; on leur ménageoit même jusqu'à des rencontres dans les églises, sous prétexte de dévotion. La reine se crut offensée; son caractère emporté s'enflamma. Elle fit commander à son fils, de la part du roi, de cesser ses assiduités auprès de Marie. Pour la première fois de sa vie,

Gaston ne tint aucun compte des ordres et des menaces de la reine sa mère : afin de se débarrasser de toute surveillance, et pour mieux se livrer à son penchant, il refusa de suivre Louis XIII en Italie ; le bruit se répandit même que Gaston vouloit enlever la princesse de Gonzague, secondé par la duchesse de Longueville, et l'épouser dans quelque ville de son apanage.

La reine-mère, inquiète et irritée, donna brusquement l'ordre d'arrêter la princesse avec la duchesse douairière de Longueville, chez qui elle logeoit. Le 28 mars 1629, cette jeune princesse se vit environnée par une escorte effrayante, séparée de son amie, de ses femmes, et transportée dans une chambre grillée du donjon de Vincennes, qu'on n'avoit pas eu le temps de meubler. Elle n'y trouva ni lit, ni feu, ni vivres, et le premier cœup-d'œil lui présenta toute l'horreur d'une affreuse prison. La duchesse de Longueville n'éprouva pas un meilleur traitement.

Elles sortirent du Donjon le 4 mai suivant, par l'intervention de Louis XIII, qui désapprouva, dit-on, une telle sévérité; mais il fallut encore, auprès de la reine-mère, les sollicitations du cardinal de Bérulle, et les assurances positives que les ducs de Bellegarde, de Puilaurens, le président le Coigneux et le père Gondren, confesseur de Monsieur, donnèrent unanimement, que Gaston n'avoit jamais eu dessein d'enlever la princesse de Gonzague.

La passion du frère du roi, qui troubla la tranquillité de cette princesse et qui la plongea dans les fers, fut de courte durée : Monsieur changea bientôt d'inclination. La princesse de Gonzague avoit été indignée de la conduite de son amant pendant qu'elle étoit pour lui dans les fers; et l'amour outragé ou dédaigné fit bientôt place à la haine.

A la mort de son père, la princesse de Gonzague se trouva dans une position désagréable; elle n'étoit point en possession de ses grands biens, et elle ne pouvoit espérer un mari digne d'elle. Cette fille de souverain se vit réduite à écouter favorablement le grand-écuyer Cinq-Mars. Afin de mériter une telle alliance, Cinq-Mars entra dans des projets qui lui devinrent funestes : il se laissa flatter de l'espérance d'être un jour connétable ; l'éclat de cette place, et la faveur dont il jouiroit, devoient lui faire aisément obtenir la main de la princesse Marie. Entraîné à sa perte par l'ambition et l'amour, il conspira avec l'Espagne, et porta sa tête sur un échafaud. Mademoiselle de Gonzague parut trop sensible au sort déplorable de ce nouvel amant, et ses regrets n'échappèrent point à la malignité publique. Une semblable infortune avoit diminué, dans la princesse Marie, cet orgueil qui abandonne rarement les personnes d'une naissance illustre : il sembloit en effet qu'il n'y auroit plus pour elle de bonheur sur la terre.

Dans ces entrefaites, Sigismond Ladislas IV, roi de Pologne, l'un des plus grands capitaines de son siècle, desirant se remarier, fit demander la main de Mademoiselle, fille de Gaston d'Orléans. Cette princesse reçut la proposition du roi de Pologne avec beaucoup de dédain : la vieillesse de ce prince, rongé de goutte, et le climat de son pays, l'éloignoient d'une telle alliance. Sigismond tourna ses regards vers mademoiselle de Guise : mais ce mariage ne put avoir lieu, parce que le cardinal Mazarin détourna la reine d'y donner son consentement. Le vieux roi de Pologne s'arrêta à la princesse Marie de Gonzague, qu'on lui avoit proposée ; et elle eut le bonheur de l'emporter, graces à la princesse de Condé, mère du duc d'Enghien, devenu depuis si célèbre. Madame de Bourbon-Condé, ainsi que la duchesse de Longueville, étoit tendrement attachée à la princesse Marie; elle appuya donc avec chaleur la demande du roi de Pologne, et parvint à lever tous les obstacles. Quoique Marie ne fût plus dans la première jeunesse, elle étoit encore très-belle. Le cardinal Mazarin envoya Bregi ambassadeur en Pologne, pour négocier ce mariage; les arrangemens ne tardèrent pas à être terminés.

Le palatin de Posnanie et l'évêque de Warmie furent choisis par le roi de Pologne, en 1645, pour venir épouser la princesse de Gonzague, et pour la conduire dans ses états. Ils voulurent paroître habillés à la mode de leur pays, afin de faire mieux éclater leur magnificence. Le duc d'Elbeuf fut chargé par la reine d'aller les recevoir hors de Paris, à la tête de plusieurs gentilshommes. Les carrosses du roi, du duc d'Orléans et du cardinal furent aussi envoyés pour leur faire honneur; mais ils brillèrent peu en comparaison de ceux que ces étrangers avoient amenés, et qui avoient traversé toute l'Allemagne. Ils firent leur entrée par la porte Saint-Antoine, dans le meilleur ordre.

Premièrement, on vit défiler une compagnie de gardes à pied, habillés de rouge et de jaune, avec de grandes boutonnières d'argent sur leurs habits. Ils étoient commandés par deux ou trois officiers richement vêtus : leurs habits étoient composés d'une veste à la turque, très-ornée; ils portoient par dessous un grand manteau à manches longues, qu'ils laissoient pendre négligemment sur un côté du cheval; leurs vestes étoient enrichies de boutons de rubis, de diamans, de perles. Ensuite parut un autre cortége dans le même ordre, commandé par des officiers encore plus richement habillés : leurs vestes et manteaux étoient verts et gris de lin. Après quoi venoient deux autres groupes à cheval, qui portoient les mêmes couleurs que ceux qu'on voyoit à pied. Plusieurs seigneurs polonais parurent ensuite, chacun avec leurs gens et leurs livrées, vêtus de brocards d'or et d'argent : sur les vestes éclatoient les pierreries. Ils avoient la tête rasée, à la mode des Huns ou des Scythes, et ne conservoient de cheveux qu'un petit toupet sur le haut de la tête, qu'ils laissoient pendre par derrière. Ce cortége brillant et singulier occupoit un long espace de chemin. On remarquoit sur-tout un des principaux officiers, qui, pour marque de sa dignité, portoit trois plumes de coq à son bonnet, ainsi qu'à son cheval. Quelques-uns de leurs chevaux étoient peints de rouge; et cette mode, quoique bizarre, ne fut point trouvée désagréable. Le palatin et l'évêque de Warmie marchoient les derniers, ayant à leur côté le duc d'Elbeuf et le prince d'Harcourt son fils. Le palatin avoit une physionomie intéressante et de beaux yeux : il portoit la barbe un peu longue et fort épaisse. L'évêque avoit bonne mine, et rien ne le distinguoit des prélats français. Derrière eux venoient leurs carrosses, couverts d'argent massif par-tout où les nôtres ont du fer. Les chevaux qui les traînoient étoient superbes, et ne paroissoient point harassés du long voyage qu'ils venoient de faire. Ils traversèrent pompeusement toute la ville et allèrent loger à l'hôtel de Vendôme, où le roi les traita toujours avec magnificence.

Il fut stipulé dans le contrat de mariage, que la dot de la princesse Marie-Louise de Gonzague, mariée comme une fille de France, seroit de 700,000 écus. Il fut également stipulé qu'elle changeroit son nom de Marie en celui d'Aloïse.

Le jour de la célébration de son mariage, la princesse sembla avoir acquis de nouveaux charmes ; son habit de noce étoit composé d'un corps et d'une jupe de toile d'argent. Par dessus devoit être jeté un manteau royal à la polonaise, qui étoit blanc, orné de grandes flammes d'or ; mais le mariage se faisant sans cérémonie, dans l'intérieur du palais royal, la reine Anne d'Autriche, comme si elle avoit eu dessein d'habiller la princesse d'une manière ridicule, fut d'avis qu'elle ne mettroit point ce manteau. Ainsi elle demeura avec un corps et une jupe blanche, qui ayant été faite pour être mise sous un manteau, étoit beaucoup trop courte ; ce qui, dans cette circonstance, produisoit un effet mal-séant. La princesse étoit parée des perles et des diamans de la couronne, que la reine lui avoit attachés elle-même. Sur sa tête étoit posée une couronne fermée, faite de gros diamans et de perles d'un prix considérable.

La reine Anne d'Autriche la mena à la chapelle par la grande galerie. Il n'y avoit de témoins que le jeune roi Louis XIV, Monsieur frère du roi, le duc d'Orléans, et les principaux seigneurs polonais venus en France.

La nouvelle reine se mit à genoux sur le drap de pied au milieu de la chapelle; le roi du côté droit, et Anne d'Autriche de l'autre. Monsieur, frère de Louis XIV, et le duc d'Orléans, oncle du roi, étoient plus bas à genoux au bord du tapis de pied; en sorte que le duc d'Orléans fut ce jour-là l'inférieur de la princesse de Gonzague, qu'il n'avoit pas cru digne de sa main: l'instant où elle se vit élevée au-dessus de ce prince infidèle, fut sans doute le jour le plus agréable de sa vie. L'évêque de Warmie célébra la messe, et le palatin épousa la princesse au nom de son maître. Au sortir de la chapelle, il y eut banquet royal. Elle fut ensuite conduite par le roi et la reine à l'hôtel de Nevers, où toutes les personnes de la cour l'attendoient pour la saluer. L'abbé de la Rivière, favori du duc d'Orléans, croyant bien la flatter, lui dit en lui présentant ses hommages, qu'il eût bien mieux valu, pour elle, demeurer en France en qualité de Madame. Elle lui répondit fièrement : « Votre maître ne devoit pas épouser une » reine : je suis contente de ma des- » tinée. »

Avant qu'il fût question de ce mariage, un abbé d'une assez mince apparence, demanda un jour à parler à la princesse de Gonzague. Ayant été admis, il lui présenta un joli petit chien qu'il avoit sous son manteau. Elle lui demanda combien il vouloit le vendre. Cinquante pistoles, lui dit-il. Ce prix parut exorbitant ; on congédia l'abbé. Croyez-moi, madame, insista-t-il, ce petit chien n'est pas cher, et d'autant

moins, que vous ne me le paierez que lorsque vous serez reine. — A ce prix, je l'accepte, répondit la princesse en riant. Il n'y avoit en effet aucune apparence qu'elle risquât jamais d'acquitter cette dette, tous les rois de l'Europe étant alors mariés. Quelques années après, lorsqu'elle eut épousé le roi de Pologne, on lui annonça qu'un abbé demandoit instamment à lui parler. « Madame, lui dit-il, votre
» majesté me doit cinquante pistoles, que
» je la supplie, très-humblement, de vou-
» loir bien me faire compter. — Moi ! ré-
» pondit la reine. — Oui, madame ; rap-
» pelez-vous le petit chien que j'eus l'hon-
» neur de vendre à votre majesté, à con-
» dition que vous me le paieriez lorsque
» vous seriez reine, événement que vos
» charmes et vos vertus m'avoient fait
» prévoir. » Elle s'en ressouvint, rit beaucoup de cette flatterie intéressée, et le fit payer d'une manière proportionnée à sa nouvelle et brillante fortune.

Peu de temps après son mariage, cette

princesse partit pour la Pologne. Quand elle passa en Flandre, sur les terres du roi d'Espagne, elle fut reçue avec de grandes marques de respect. Les gazettes furent long-temps remplies du recit des fêtes magnifiques dont elle fut l'objet depuis les frontières de France jusqu'à celle de la Pologne.

Quel changement dans la destinée de celle qui s'étoit vue renfermée à Vincennes, dans une étroite prison, entre quatre murailles, et dédaignée de l'amant qui causoit ses malheurs!

Mais toutes ces illusions de la grandeur s'évanouirent à l'arrivée de la nouvelle reine dans la capitale de ses états : la scène changea tout-à-coup ; la reine fut reçue dans Varsovie avec peu d'éclat, parce que Sigismond, étant vieux, malade, chagrin, et accablé de goutte, ne voulut aucune cérémonie à l'arrivée de sa nouvelle épouse. D'ailleurs, il ne la trouva pas aussi belle que ses portraits la lui avoient représentée. Ce vieil époux la reçut à l'église, assis dans un fauteuil, ne se leva point, et n'en fit

fit pas même semblant. Quand la reine fut auprès de lui, elle se mit à genoux à ses pieds, et lui baisa la main. Sigismond la regarda gravement, sans lui adresser une seule parole; et se retournant vers Brégi, ambassadeur de France, il lui dit tout haut : « Est-ce là cette beauté par- » faite dont vous m'aviez dit tant de » merveilles ? » Après avoir achevé ces mots peu gracieux, il se leva d'un air grondeur et s'approcha de l'autel, où il épousa de nouveau la reine, qui fut ensuite menée dans le palais du roi, à un banquet qui n'eut rien de délicat ni de magnifique. Le reste de la journée s'écoula sans que le roi daignât même lui parler, et il fallut qu'elle allât dans un appartement séparé, passer la nuit loin de son époux. Cette froideur si extraordinaire dans les circonstances, auroit peut-être toujours duré, si la maréchale de Guébriant, qui avoit été chargée du soin de conduire la princesse en Pologne, ne s'étoit plaint au roi de la manière dont il l'accueilloit, et ne lui eût dit que la France auroit lieu d'être mécontente, s'il continuoit à traiter son épouse avec tant d'indifférence. Le monarque renonça enfin à ces étranges procédés, et rendit sa compagne moins malheureuse.

Cette princesse eut toujours beaucoup d'attachement pour le monastère de Port-Royal, près de Paris, en faveur duquel elle écrivit, en 1655, au pape Alexandre VII. Elle édifia toute la Pologne par la régularité de sa conduite, par sa piété, sa charité, par sa patience dans les afflictions. Port-Royal eut part à ses libéralités, à sa considération. Le roi de Pologne donna à cette abbaye un saint-ciboire d'une agate enchâssée dans de l'or, et enrichie de petits diamans, estimé douze mille livres; un soleil de cristal garni d'or, et cinq pièces des plus belles étoffes, pour faire des dais et des pavillons au Saint-Sacrement. C'est à cette même reine qu'on est redevable de l'institution des Sœurs-Grises, dites de la Charité : elle les établit en Pologne. Ces filles chrétiennes sont extrêmement utiles aux pauvres et aux malades.

Sigismond-Ladislas IV mourut au mois de juin 1648, âgé de cinquante-deux ans. Marie de Gonzague perdit un époux qui l'avoit rarement rendue heureuse. Jean Casimir II, frère de Sigismond, avoit toujours tendrement aimé sa belle-sœur; et la voyant veuve, il résolut de l'épouser, s'il pouvoit parvenir à être élu par les Polonais, et à obtenir du pape les dispenses nécessaires. Les vœux de ce prince furent comblés; au bout d'un an de veuvage, la reine lui donna sa main. Elle fut portée à l'église dans un char de vermeil, doublé d'étoffe d'argent. Ce nouvel hymen la dédommagea des chagrins et des peines qu'elle avoit soufferts.

Ce prince d'abord guerrier, avoit été jésuite et cardinal. Lorsqu'il se vit sur le point de parvenir au trône, et d'épouser la veuve de son frère, il renvoya à Rome son chapeau, et se fit couronner roi. Quoique couvert de gloire par les victoires qu'il avoit remportées sur les Suédois et les Moscovites, une sédition qui s'éleva contre lui, et dont il triompha, le dégoûta du trône. La reine son épouse étant morte d'apoplexie, à Varsovie, le 10 mai 1667, il la fit inhumer à Cracovie, dans l'église de Saint-Stanislas. Connoissant de plus en plus le néant des grandeurs, et sur-tout du pouvoir suprême, il abdiqua la couronne, et descendit sans regret du trône qu'il possédoit. Rentré dans la classe des simples particuliers, où l'on trouve plus souvent le bonheur, Casimir accepta l'asile honorable que lui offrit Louis XIV : il vint en France, où il eut l'abbaye de Saint-Germain-des-Prés à Paris, et celle de Saint-Martin de Nevers, avec une pension convenable à un prince de son rang. Il ne voulut jamais qu'on lui donnât, dans la capitale, le titre de majesté, titre qui lui rappeloit les chaînes brillantes et lourdes qu'il avoit eu la sagesse de briser. Ce prince mourut à Nevers en 1672.

Un fait historique qui est peu connu, c'est que Jean Casimir II, avant d'avoir porté la couronne, fut renfermé au donjon de Vincennes, en 1639, en qualité de prisonnier de guerre, et dix ans après la princesse Marie de Gonzague, qu'il devoit épouser un jour. Il avoit été arrêté aux frontières du royaume, parce qu'il cachoit sa qualité sous un faux nom, et qu'il alloit passer en Espagne pour y commander les armées, contre la France qui étoit alors en guerre avec cette puissance. Le roi son frère ne tarda pas à envoyer une ambassade pour réclamer la liberté d'un prince qui lui étoit si cher. Elle lui fut accordée au mois de mars 1640, à condition qu'il séjourneroit encore en France pendant six mois.

On renfermoit à Vincennes beaucoup de prisonniers de guerre, ainsi qu'à la Bastille. On vit dans cette première prison, en 1638, le baron d'Eghenfort, l'un des meilleurs généraux qu'eût l'empereur. Il devoit être échangé contre Feuquières, officier français détenu à Thionville; mais comme on apprit la mort de Feuquières, le général allemand fut obligé de se reconstituer prisonnier à Vincennes. Il mourut peu après de ses blessures, qui se rouvrirent : on crut qu'il avoit été empoisonné dans une truite qu'on lui servit.

Les ministres ne manquoient pas de motifs ou de prétextes pour grossir chaque jour le nombre des prisonniers de Vincennes. Heureuses les victimes du cardinal de Richelieu, qui en étoient quittes pour perdre leur liberté !

Une sorte de fatalité étoit attachée aux projets de mariage formés par Gaston, frère du roi : ils coûtèrent la vie à plusieurs favoris de ce prince. Richelieu, à qui tout faisoit ombrage, voyoit avec une extrême inquiétude le mariage secret qu'avoit contracté Gaston, en 1631, avec la princesse Marguerite, sœur du duc de Lorraine. Il pensa qu'il étoit d'une sage politique d'enlever au frère de Louis XIII, alors retiré dans les Pays-Bas, son principal favori, le jeune Puilaurens. Il fit faire à ce seigneur les offres les plus séduisantes, s'il vouloit engager l'altesse royale à revenir en France, et s'il juroit de s'attacher aux intérêts du premier ministre. Le cardinal avoit trois ou quatre nièces, et la duchesse d'Aiguillon étoit celle qu'il chérissoit le plus. Il s'engagea à donner mademoiselle de Pontchâteau à Puilaurens, avec un duché et de grosses sommes d'argent. Cette intrigue réussit au gré du ministre; mais Puilaurens ne vit pas s'accomplir tout de suite toutes ces brillantes promesses. Enfin le cardinal crut devoir tenir sa parole; le prix du duché promis fut compté, l'achat s'en fit, le mariage se conclut avec mademoiselle de Pontchâteau, et Puilaurens se trouva tout-à-coup possesseur de cent mille écus de rente, duc et pair, et proche parent de Richelieu.

Cet état brillant dura à peine deux mois, et fut suivi du revers le plus accablant. Monsieur s'étoit retiré à Blois, où il menoit une vie retirée, et rien ne transpiroit de ses occupations ni de ses amusemens. Cette espèce de mystère inquiéta Richelieu ; il fit tous ses efforts pour engager Puilaurens à l'instruire secrètement de ce qui se passoit, jusqu'à lui offrir un gouvernement, le bâton de maréchal de France et le commandement des armées. Il tâcha aussi d'obtenir du favori qu'il arrachât à son maître un consentement à la dissolution du mariage qu'il avoit contracté avec la princesse Marguerite. Tandis que Puilaurens cherchoit à gagner du temps, il passa par Blois des Espagnols qu'il avoit connus à Bruxelles, et qui furent reçus en amis. Richelieu profita de cette circonstance pour rendre suspectes au roi les dispositions de son frère, en lui faisant entendre que ses liaisons, dont Puilaurens serroit les nœuds, pouvoient être de la plus grande conséquence au moment de la guerre qui s'allumoit. Ces observations parurent justes au monarque, qui croyoit voir redoubler le zèle de son premier ministre, qu'animoit le desir de la vengeance; la perte de Puilaurens fut résolue.

Il s'agissoit de le tirer de Blois, d'où on savoit qu'il ne sortiroit pas sans son maître. On fit à la cour, à l'occasion du carnaval, de grands préparatifs de fêtes, auxquels le roi les invita l'un et l'autre. Puilaurens, sur-tout, bien fait et beau danseur, devoit y jouer un des premiers rôles. Il arrive au Louvre avec sécurité, le 14 février 1635, vers les deux heures après midi, et se met à répéter le ballet où il devoit figurer. Pendant ce temps, Louis XIII fait entendre à Gaston d'Orléans les sujets qu'il a, ou qu'il croit avoir, de se plaindre du duc de Puilaurens, et il commande au capitaine de ses gardes de se saisir de la personne de ce duc; ce qui est incontinent exécuté. On arrêta, dans le même moment, Dufargis, Ducoudrai, Montpensier, Charnière, et Basari, secrétaire du duc.

Le lendemain, sur les huit heures du matin, Puilaurens et Dufargis furent conduits au donjon de Vincennes, et les autres à la Bastille. Montresor prétend, dans ses

Mémoires, que le cardinal de Richelieu, en les faisant arrêter, contrevint également à sa parole, si solennellement donnée, et à l'alliance qu'il avoit contractée avec Puilaurens. Mais le cardinal s'applaudissoit ouvertement d'avoir sacrifié au bien de l'état, disoit-il, et au repos de la maison royale, les intérêts de sa propre famille.

Le duc d'Orléans fut atterré de ce coup imprévu : il ne montra pas d'abord tout son ressentiment, parce qu'il craignoit pour lui-même ; il se contenta de dire au roi, qu'il ne demandoit pas de grace pour son favori s'il étoit coupable, mais qu'il le conjuroit de ne pas se laisser prévenir ; et après avoir recommandé le prisonnier aux bontés et à la justice de son frère, il reprit tristement le chemin de Blois.

Le duc de Puilaurens, au désespoir de sa captivité, fut attaqué d'une fièvre pourprée, dont il mourut le 30 juin 1635. Des religieux minimes du bois de Vincennes eurent la permission de le voir dans ses derniers momens.

Le bruit courut qu'il avoit été empoisonné ; et l'on accusa le cardinal d'avoir dit, en parlant de la mort de ce duc et de celle du maréchal d'Ornano et du grand-prieur de Vendôme : « Voilà un air bien » merveilleux que celui du bois de Vin- » cennes, qui fait mourir les gens de la » même façon ! »

On trouve dans les Mémoires de Montresor, témoin oculaire, des détails sur l'arrestation de Puilaurens, que nous croyons ne pas devoir passer sous silence. Le cardinal de Richelieu le fit arrêter dans le cabinet du roi, après l'avoir entretenu et raillé sur sa froideur, en lui demandant quand il fondroit sa glace, Puilaurens entra dans la chambre à coucher de Louis XIII ; en ce moment le capitaine des gardes-du-corps s'approcha de lui, et lui dit qu'il avoit ordre du roi de se saisir de sa personne......... Ballouet, enseigne des gardes, homme d'un caractère impitoyable, eut la charge de garder Puilaurens au donjon de Vincennes, avec huit gardes-du-corps choisis dans diverses compagnies. L'humeur de cet officier convenoit fort bien avec l'emploi qu'il avoit reçu, car il s'acquitta de sa commission avec tant de rigueur qu'il surpassa même l'espérance du cardinal; en sorte que dans le quatrième mois de sa prison Puilaurens mourut, par des moyens suspects et odieux, s'ils furent tels que les apparences le firent croire. Il y avoit plus de deux mois que les fenêtres de sa chambre n'avoient été ouvertes et que l'air et le jour lui étoient interdits, de même que s'il eût été dans un cachot, et le plus criminel de tous les hommes. On publia qu'il étoit mort d'une fièvre pourprée; mais il est à remarquer que le poison produit les mêmes effets, et qu'aucun des siens n'eut la liberté de le voir pendant sa maladie, ni après sa mort.

Le corps de Puilaurens, lorsque les cérémonies funéraires eurent été faites par le chapitre de la Ste.-Chapelle, fut transporté, la nuit du 2 au 3 juillet, du donjon de Vincennes dans l'église des Augustins du faubourg Saint-Germain, où on l'enterra au pied du grand autel.

Le 3 juillet, Dufargis et le secrétaire de Puilaurens furent transférés du Donjon à la Bastille.

Le 4 avril précédent, le marquis de Leuville sortit des prisons de Vincennes, à la sollicitation de la dame de Villarceau, sa sœur, avec ordre de se retirer dans une terre qu'il avoit en Normandie.

Le 15 avril 1636, le jeune Coloredo, fait prisonnier de guerre en Lorraine par le marquis de la Force, fut mené au donjon de Vincennes, dont il ne sortit que l'année suivante, par échange avec le marquis de Longueval.

Le 4 décembre 1636, on renferma dans le même Donjon un certain charlatan, qui prétendoit avoir trouvé la pierre philosophale. Ses partisans, nullement détrompés par la fumée du creuset, étoient fortement persuadés qu'il leur procureroit des monceaux d'or. Ce fourbe se nommoit Dubois; il étoit de Coulommiers en Brie, et avoit été capucin pendant plusieurs années : les passions violentes qu'il éprouvoit, l'engagèrent à quitter le froc et à se marier. Il crut avoir trouvé un moyen facile de s'enrichir, en profitant de la crédulité des gens simples; il leur persuadoit qu'il avoit le rare secret de faire de l'or. Cet imposteur, après avoir été détenu six mois à Vincennes, fut condamné à être pendu, et exécuté.

CHAPITRE XXI.

Particularités intéressantes sur la détention, à Vincennes, de l'abbé de Saint-Cyran; de Jean de Werth; du comte de Lamboi, général allemand, et autres prisonniers de guerre ; et du comte de Montresor.

Aussi célèbre par sa piété que par ses écrits, l'abbé de Saint-Cyran fut renfermé, en 1628, au donjon de Vincennes, où il demeura cinq ans, pour cause de jansénisme, ou plutôt par les intrigues des jésuites : il n'en sortit qu'après la mort du cardinal de Richelieu.

« L'abbé de Saint-Cyran, s'écrie l'his-
» torien de Port-Royal, est le premier
» homme qui eût été depuis plusieurs
» siècles dans l'Église. Cet homme extraor-
» dinaire, né avec une solidité et une
» étendue d'esprit prodigieuse, avec de

« rares talens et une fermeté admirable ;
« cultiva ces dons naturels, et sanc-
« tifia son cœur par une étude pro-
« fonde de la religion dans les véritables
« sources où l'on doit en puiser la con-
« noissance. Constamment attaché à tous
« les dogmes de l'Église, et parfaitement
« soumis à sa discipline, il sut s'élever au-
« dessus de toutes les opinions récentes et
« des pratiques abusives que la plupart des
« hommes suivoient sans examen. »

Jean Duvergier de Hauranne, abbé de Saint-Cyran, naquit à Bayonne d'une famille distinguée, l'an 1581. Il alla, par le conseil de l'évêque de Bayonne, faire ses études à Louvain, dans le même temps que Jansénius y faisoit les siennes (1). Duver-

---

(1) Cornélius Jansénius naquit en 1585, près de Laërdana en Hollande : il fut nommé à l'évêché d'Ypres par Philippe IV, roi d'Espagne, et mourut en 1638. Il devint, sans le vouloir, chef de parti, par la publication de son fameux livre sur saint Augustin, in-folio, auquel il travailla pendant

gier

gier étudia la théologie dans le collége des jésuites, dont il devoit être l'ennemi, et y soutint une thèse, le 26 avril 1604. Juste-Lipse (1) y assista et donna de grands éloges à Duvergier, non-seulement de vive voix, mais encore par écrit.

───────────

vingt ans, et qui l'obligea à lire dix fois tout Saint Augustin, et trente fois les traités de ce Père contre les Pélagiens. Dans cet ouvrage il prétend prouver que l'homme fait invinciblement, quoique volontairement, le bien ou le mal, selon qu'il est dominé par la grace ou par la passion. On attribue la haine du cardinal de Richelieu contre Jansénius et ses disciples, à un ouvrage satirique contre la France, que publia cet évêque, intitulé *Mars Gallicus*.

(1) Juste-Lipse, savant et poëte, né dans un village près de Bruxelles, en 1547. Ses productions le rendirent célèbre dès sa plus tendre jeunesse; et ce qu'il y a de plus étonnant encore, il soutint dans un âge avancé cette réputation précoce. Professeur à Leyde et à Louvain, il changea quatre fois de religion; ce qui ne l'empêcha pas de soutenir, vers la fin de sa vie, qu'il faut exterminer par le fer et le feu ceux qui sont d'une autre religion que celle de l'état, afin qu'un membre périsse plutôt que tout le corps.

Après l'exercice éclatant de cette thèse, Duvergier quitta Louvain et revint en France. La liaison de ces deux hommes d'un si grand mérite, devenus si célèbres depuis, s'étoit formée non à Louvain, mais à Paris, où Jansénius étoit venu de l'avis des médecins, pour rétablir, en changeant d'air, sa santé altérée par la trop grande étude.

L'évêque de Bayonne donna à Duvergier un canonicat dans sa cathédrale, et à son ami Jansénius, la place de principal du collége qu'il érigea dans cette ville. Ces deux amis passèrent plusieurs années ensemble. L'évêque de Bayonne ayant été transféré à Tours, l'an 1616, dont le siége étoit vacant par la démission de Sébastien Galigaï, frère de la maréchale d'Ancre, Duvergier suivit son évêque à Tours. Peu de temps après, celui de Poitiers le fit son grand-vicaire, et se démit, en sa faveur, en 1620, de l'abbaye de Saint-Cyran en Berri, dont il porta depuis le nom.

Etant encore fort jeune, cet abbé avoit

donné des marques de la vivacité de son esprit, dans un petit traité anonyme qu'il fit sous le titre de *Question Royale*, où il examinoit en quelle extrémité le sujet pourroit être obligé de sauver la vie de son prince aux dépens de la sienne. Ce livre est devenu fort rare.

Le cardinal de Richelieu qui connoissoit tout le mérite de l'abbé de Saint-Cyran, et qui vouloit se l'attacher, le fit nommer, en 1631, à l'évêché de Clermont et à plusieurs abbayes, et ensuite à celui de Bayonne : le cardinal de Bérulle voulut aussi lui procurer l'évêché de Dôle ; mais son extrême humilité le porta à refuser constamment toutes ces distinctions lucratives et honorables.

Animé d'une vénérable piété, l'abbé de Saint-Cyran se chargea de diriger la conscience des religieux de Port-Royal et des pieux et savans solitaires qui résidoient hors de cette maison célèbre. Il alluma bientôt contre lui la haine des jésuites, de leurs partisans et de tous ceux qui ne pouvoient lui pardonner la réputation que lui avoient acquise ses ouvrages. On l'accusa de vouloir troubler les consciences, d'innover dans l'église, de répandre en secret des maximes pernicieuses, et enfin de vouloir la pratique de la pénitence publique, usitée dans la primitive église. On se plaignit au chancelier de ce que le zèle indiscret de cet abbé avoit ravi au barreau le célèbre avocat Lemaître, qui s'étoit retiré à Port-Royal : enfin la calomnie s'adressa au cardinal de Richelieu, qui, avant d'être tout puissant, avoit connu et estimé l'abbé de Saint-Cyran, et avoit même souvent tenté de le gagner, mais inutilement, parce qu'il ne se laissoit séduire ni par les caresses, ni par les menaces. Cette fermeté inflexible déplut au cardinal, qui vouloit que tout pliât sous lui, et il n'eut pas beaucoup de peine à entrer dans les vues des ennemis de ce pieux abbé.

Le lendemain de l'Ascension (14 mai 1638), à deux heures après minuit, sa maison fut investie par les archers du Guet :

comme s'ils eussent eu peur qu'il ne leur échappât, ils se présentèrent au nombre de vingt-deux, et se mirent en sentinelles de tous côtés. Sur les six heures, ils frappèrent à la porte et demandèrent à parler à l'abbé de Saint-Cyran. Dans ce moment même, il lisoit Saint-Augustin avec son neveu. Le chevalier du Guet entra, et lui dit tout bas l'ordre qu'il avoit de le faire monter dans un carrosse qui l'attendoit dans la rue. Saint-Cyran répondit qu'il se soumettoit volontiers à cet ordre, et prenant par la main le commandant du Guet, il lui dit d'une voix ferme : « Allons, mon-
» sieur, où le roi m'ordonne d'aller ; je
» n'ai point de plus grande joie que lors-
» qu'il se présente des occasions d'obéir. »
Arnaud d'Andilli, qui étoit venu lui dire adieu pour s'en retourner le lendemain dans sa terre de Pompone, le rencontra sur le chemin de Vincennes, et ne se défiant de rien, parce que les gardes avoient retourné leurs casaques, afin qu'on ne se doutât point qu'ils escortoient un prisonnier d'état, il dit gaîment à l'abbé de Saint-

Cyran : « Où allez-vous mener tous ces gens-ci ? — Ce sont eux au contraire qui me mènent, lui répondit-il ; je me regarde plutôt comme prisonnier de Dieu, que comme prisonnier des hommes : au reste, ajouta-t-il, ils sont tellement pressés que je n'ai pu prendre un livre. » D'Andilli avoit à la main les *Confessions de saint Augustin*, et il lui dit : « Tenez, en voici un, dont vous m'avez fait présent autrefois ; il faut que je vous le rende. » Le chevalier du Guet, qui étoit ami de M. d'Andilli, leur permit de s'entretenir un instant avec son prisonnier ; ensuite ces deux amis s'embrassèrent affectueusement comme s'ils eussent su qu'ils ne devoient plus se revoir ; Saint-Cyran fut conduit à Vincennes et renfermé au Donjon.

Arnaud d'Andilli étoit si connu et si considéré à la cour même, pour sa vertu et son intégrité, que lorsque le cardinal de Richelieu, le fameux père Joseph, capucin, et Sublet des Noyers, secrétaire-d'état, eurent pris la résolution de faire arrêter l'abbé de Saint-Cyran, l'un d'eux ne put s'empêcher de s'écrier : Mais qu'en dira M. d'Andilli ? tant la vertu est redoutable aux méchans, quoiqu'elle ne les retienne pas toujours !

Plusieurs causes contribuèrent à l'emprisonnement de ce respectable abbé; mais celle qui l'emporta sur toutes les autres, fut la crainte qu'avoit le cardinal de Richelieu, que Saint-Cyran n'écrivît contre lui. En effet, ce ministre n'ignoroit pas que certaines particularités de sa vie, lorsqu'il n'étoit encore qu'évêque de Luçon, étoient connues de l'abbé de Saint-Cyran, qui pouvoit les rendre publiques. A peine se vit-il maître de la France, qu'il crut pouvoir gagner cet abbé, en lui prodiguant des marques de considération et de faveur. En conséquence, lorsqu'il dressa, en 1625, l'état de la maison de la reine d'Angleterre (Henriette de France, épouse de Charles Ier.), il fit nommer Saint-Cyran premier aumônier; mais ce dernier refusa, et ne voulut pas même les évêchés qu'on lui offrit. «Son ex-

» trême humilité et cette espèce de sainte
» horreur qu'il eut toute sa vie pour les
» fonctions de l'épiscopat, dit l'abbé Racine,
» auteur de l'*Histoire Ecclésiastique*,
» l'empêchèrent d'accepter les offres de
» Richelieu. Ce fut, ajouta l'historien, le
» premier sujet de mécontentement que
» ce ministre eut contre lui. » Le cardinal voulant s'y prendre d'une autre façon pour tâcher de gagner cet homme d'un mérite éclatant, lui faisoit des caresses extraordinaires ; et un jour le reconduisant lui-même hors de ses appartemens, il dit en le montrant à ses courtisans, et en lui touchant sur l'épaule : *Messieurs, vous voyez là le plus savant homme de l'Europe.*

Le cardinal desiroit vivement se faire déclarer patriarche des Gaules ; il regardoit cette dignité comme le comble des honneurs dont il jouissoit, s'imaginant que rien ne le pouvoit rendre plus considérable en France, plus redoutable à Rome, et plus illustre dans la postérité. Ainsi, il croyoit qu'il étoit de la dernière importance pour lui, de s'assurer de la plume d'un grand écrivain, doué d'une piété éminente, qu'il savoit être insensible à tout, excepté aux intérêts de l'église.

On reprochoit encore à l'abbé de Saint-Cyran, d'avoir fait tous ses efforts auprès du frère du roi pour s'opposer au mariage projeté de Gaston et de mademoiselle de Montpensier, mariage qui eut lieu malgré les intrigues des favoris de ce prince, dont les vues ambitieuses cherchoient à lui faire élever ses prétentions sur la fille de quelque souverain.

Le troisième grief imputé à l'abbé de Saint-Cyran, étoit de croire que l'amour de Dieu est nécessaire pour réconcilier le pécheur avec Dieu, dans le sacrement de pénitence; au lieu que le cardinal, qui se piquoit de théologie autant que de politique et de poésie, avoit enseigné dans son catéchisme de Luçon, que l'attrition formée par la seule crainte de l'enfer étoit suffisante.

Le Père Joseph avoit conçu une jalousie extrême contre l'abbé de Saint-Cyran, depuis que les religieuses du Calvaire, près du Luxembourg, que ce pieux directeur dirigea pendant quelques temps à sa prière, avoient pris une confiance particulière en lui.

D'un autre côté, les jésuites ne lui avoient pas pardonné la réfutation de la somme de leur confrère Garasse, ni le célèbre ouvrage de *Petrus Crelius*, où l'on embrassoit la défense de la hiérarchie de l'église ; ouvrage imprimé par ordre et aux dépens du clergé de France (1).

La première chose que fit l'abbé de Saint-Cyran, lorsqu'il se vit en prison, fut de se mettre à genoux pour demander à Dieu la grace de faire un bon usage de sa captivité ; il la regardoit comme

_____

(1) Saint-Cyran n'eut que peu de part à ce livre, presque entièrement de M. de Barcos, son neveu.

une faveur du ciel qui pouvoit assurer son salut.

Il fit même tenir de l'argent à une dame, et il lui écrivit pour la prier de faire recevoir une fille dans un couvent, en action de grace de sa détention, d'en marier une autre, et de délivrer un prisonnier détenu pour dettes.

Cependant il étoit dans l'inquiétude au sujet de ses papiers, et de ses amis, qu'il ne lui étoit pas possible d'oublier ; nulle consolation ne lui parvenoit à cet égard, attendu qu'on le gardoit à vue. Mais il s'en présenta tout-à-coup au moment qu'il s'y attendoit le moins, et ce fut le cardinal de Richelieu lui-même qui en fit naître l'occasion.

Ce ministre tout puissant méditoit alors de grands projets relativement à l'église, et voulant pénétrer la pensée de son prisonnier, il choisit la duchesse d'Aiguillon sa nièce, femme de beaucoup d'esprit, pour remplir cette commission délicate ; et afin qu'elle jouât mieux son personnage, il lui conseilla de mener avec elle le célèbre Arnaud d'Andilli, qu'il savoit être fort lié avec l'abbé de Saint-Cyran, et qui ne manqua pas de profiter de cette circonstance pour informer l'illustre détenu de ce qui regardoit ses papiers et ses amis.

Tout ce qui concernoit son grand ouvrage contre les hérétiques, avoit été mis en lieu de sûreté. Les autres manuscrits étrangers à cet ouvrage, furent abandonnés aux archers, qui les portèrent au chancelier Seguier. Ce chef de la magistrature, voyant qu'il y en avoit au moins trente volumes in *folio*, en fut épouvanté, et eut peine à concevoir qu'un seul homme pût tant écrire.

Chaque jour on alloit savoir des nouvelles du respectable prisonnier; mais on ne lui parloit point, et il falloit s'en rapporter à la parole d'un geôlier ou porte-clefs. L'un deux dit un jour que l'abbé de Saint-Cyran étoit un saint. On le regardoit en effet comme tel. Les chanoines de la Sainte-Chapelle, les soldats, les pauvres, les minimes du parc de Vincennes, les grands seigneurs, tout le monde avoit pour lui une profonde vénération. Les prisonniers du Donjon lui rendoient aussi ce glorieux témoignage. Le fameux Jean de Werth (1), l'un d'entre eux, dit à ce sujet un bon mot qui fit beaucoup de sensation dans le monde. Ce fut à l'occasion du magnifique ballet que Richelieu fit représenter le soir du 14 janvier 1641, au palais Cardinal. L'éminence avoit fait des préparatifs immenses et qui surpassoient tout ce qu'on avoit jamais vu dans ce genre; elle voulut que les généraux étrangers, même ceux qui avoient été prisonniers de guerre, assistassent à cette fête superbe, afin qu'ils en répandissent le bruit dans leur pays; et elle leur fit demander par des personnes

---

(1) Ce général flamand fut prisonnier de guerre au donjon de Vincennes, vers 1640. Nous en parlerons plus en détail.

apostées, ce qu'ils pensoient d'une fête aussi dispendieuse et aussi brillante. Jean de Werth répondit que l'ensemble du spectacle lui avoit paru merveilleux, mais qu'une chose sur-tout l'avoit infiniment surpris. On le pria de dire ce qui avoit causé son étonnement. « C'est, dit-il,
» de voir qu'en un royaume très-chrétien,
» comme la France, les évêques soient à
» la comédie, pendant que les saints sont
» en prison. »

L'illustre abbé obtint la permission de changer de chambre et d'être mis dans une autre où l'air fût moins vif. Ce changement eut lieu le 3 décembre 1639; on lui fit habiter un galetas qu'on appeloit *la chambre de saint Louis*, où il ne fut guère mieux. Il s'y vit encore plus surveillé qu'auparavant, et avoit jusqu'à douze gardes, se relevant tour-à-tour, pour épier s'il écrivoit, contre la défense qui lui en avoit été faite. Il avoit seulement la liberté de la cour et du jardin ; mais ses amis ne pouvoient obtenir la permission de le voir que très-rarement. Il tomba malade dans ce nouveau cachot, et y reçut plus d'une fois les sacremens, sans que ses amis mêmes en fussent informés.

Bouthilier, marquis de Chavigni, étoit alors gouverneur de Vincennes ; il auroit été charmé de servir l'abbé de Saint-Cyran, s'il eût pu gagner quelque chose sur l'esprit du cardinal. Mais il avoit un lieutenant dont la femme sembloit se plaire à maltraiter l'illustre captif. Le pieux abbé rendant le bien pour le mal, fit recevoir gratuitement à Port-Royal une sœur de ce lieutenant. Il prit encore soin de deux de ses fils, auxquels il joignit l'enfant d'une pauvre femme ; il les instruisoit des principes de la religion, et de ceux de la langue latine. L'enfant de la pauvre femme l'ayant emporté sur les deux autres, l'épouse du lieutenant en conçut une si grande jalousie, qu'elle fit défense à l'abbé de Saint-Cyran d'instruire des enfans dans sa prison, sous prétexte qu'il pourroit leur inspirer de mauvaises maximes. Saint-Cyran obligé de renoncer à cette bonne œuvre, envoya le fils de la pauvre femme dans son abbaye, où l'on acheva son éducation.

L'abbé de Saint-Cyran étoit depuis plus d'un an à Vincennes, sans avoir été interrogé, malgré la loi qui ordonnoit que tout détenu le seroit, au plus tard, dans trois fois vingt-quatre heures. On s'avisa enfin d'y envoyer le conseiller-d'état Laubardemon (1), pour s'acquitter d'un devoir que commande impérieusement la justice; mais Saint-Cyran refusa constamment de lui répondre, parce qu'il n'étoit pas juge ecclésiastique. Alors le cardinal de Richelieu chargea de cette désagréable commission le docteur Lescot, chanoine de Notre-Dame de Paris et son confesseur. Ce prêtre interrogea l'abbé de Saint-Cyran jusqu'à

---

(1) C'est le même magistrat qui, en 1631, avoit fait brûler vif, comme sorcier, l'innocent et malheureux curé de Loudun, Urbin Grandier.

douze fois consécutives; ce qui dura plus de trois semaines.

Au reste, ces interrogatoires se passèrent, de la part du prêtre Lescot, en pointilleries, en subtilités artificieuses, en menaces; ce qui obligea le prisonnier de lui dire ces paroles remarquables : « Il y a une » grande différence entre un juge ecclé- » siastique et un juge séculier; l'autorité de » l'un doit être couverte par la charité, et » la charité de l'autre par l'autorité. »

Bien digne d'être comparé à ce chanoine, et le surpassant même dans son injuste prévention, un jésuite (le père Pinthereau), dans un libelle intitulé *Progrès du Jansénisme*, publié en 1655, s'exprime en ces termes peu mesurés sur l'abbé de Saint-Cyran, en adressant la parole au chancelier : « Plût à Dieu, monseigneur, qu'on » eût suivi vos conseils!.... Le supplice » de cet hérésiarque auroit été le salut de » tout le royaume, et nous aurions remporté la gloire d'avoir étouffé nous-» mêmes une hérésie naissante parmi nous,

» sans que jamais les nations étrangères
» eussent été témoins de notre honte, ni
» obligées de changer l'opinion que jadis
» elles avoient conçue avantageusement
» de cette couronne, il n'y a que la
» seule France qui ne peut enfanter et
» nourrir de pareils monstres ! »

Séduit peut-être par une opinion aussi outrée, le cardinal de Richelieu écarta long-temps les amis du respectable prisonnier, qui sollicitoient sa délivrance. Afin de les tromper davantage, il envoya encore le docteur Lescot auprès de l'illustre captif, qu'on avoit laissé un an tranquille, après les nombreux interrogatoires dont nous avons fait mention. Ce docteur se rendit à Vincennes le 29 avril 1640. Ce jour-là, Saint-Cyran étoit malade; cependant lorsque le chanoine Lescot se fit annoncer, il se trouva mieux et dans une liberté d'esprit admirable. Il dressa et signa la profession de foi suivante : « Je proteste devant Dieu
» et ses anges, que je n'ai, ni n'ai ja-
» mais eu d'opinions particulières ; et je

» n'en veux jamais avoir d'autres que
» celle de l'église catholique, aposto-
» lique et romaine, à laquelle je veux
» toute ma vie adhérer, et nommément
» au saint Concile de Trente, tant aux
» canons qui en forment les dogmes et la
» doctrine, qu'aux décrets qu'il a faits
» touchant la discipline et l'administra-
» tion des sacremens, sachant que ça été
» le sujet principal de l'assemblée, aussi
» bien que la première cause de la plainte
» des hérétiques, ainsi qu'il est rapporté à
» la fin du même Concile. »

L'abbé de Saint-Cyran dit ensuite à Lescot, qu'ayant voulu s'humilier dans les réponses de l'année précédente, il n'avoit pas parlé aussi fortement qu'il auroit pu le faire, et parce qu'il voyoit clairement que toute la discipline de la pénitence y étoit contenue; qu'ainsi personne n'avoit été plus injustement accusé de ne pas recevoir ce concile, et que néanmoins ce qu'il y avoit de plus surprenant, c'étoit de voir que tous ses accusateurs étoient gens de bien et dévots. Il ajouta, qu'oubliant tout ce qu'il venoit de déclarer, il ne se regardoit que comme le prisonnier de Dieu, et qu'il ne vouloit être délivré de sa prison que par son ordre.

Ensuite le pieux abbé dit au docteur en théologie, que jamais détenu n'avoit été plus resserré que lui, puisqu'un an s'étoit écoulé sans qu'il eût pu parler à personne, et que quand même il eût été le plus criminel des hommes, il eût été difficile de le traiter avec plus de rigueur.

Le cardinal n'eut aucun égard à la profession de foi de l'abbé Saint-Cyran, parce qu'il n'y parloit pas de la contrition : il déclara que le prisonnier n'obtiendroit la liberté que s'il vouloit déclarer que la simple attrition avec le sacrement, pouvoit produire la grace ; ce que cette éminence appeloit l'opinion que l'on suit ordinairement dans l'église. Ainsi, des questions abstraites et inintelligibles, un système purement arbitraire, faisoient retenir dans les fers un homme d'un si grand mérite.

Il y eut à ce sujet beaucoup de pourparlers, qui ne changèrent rien à la triste situation du prisonnier. Le cardinal ne vouloit pas se dessaisir d'un détenu dont il redoutoit la plume; et c'est ce que prouve la réponse qu'il fit au prince de Condé, qui lui parla en faveur de Saint-Cyran. « Savez-vous bien, lui répondit Riche-
» lieu, pour quel homme vous me sol-
» licitez? Il est plus dangereux que six
» armées. Voyez mon Catéchisme (1)
» qui est sur la table; il a été imprimé
» vingt-deux fois : j'y dis que l'attrition
» suffit avec la confession; et lui il croit
» que la contrition est nécessaire. »

Saint-Cyran toujours captif à Vincennes, faisoit voir que la parole de Dieu et la charité ne peuvent être enchaînées. Il étoit attentif à profiter de toutes les occasions qui se présentoient d'exercer son zèle pour les bonnes œuvres. Rien ne le prouve mieux que ce qui arriva dans le Donjon,

---

(1) Celui de Luçon, par le cardinal.

en 1640, au baron d'Eghenfort, qui, étant à Paris sur sa parole, pour dire adieu à quelques amis, fut reconduit à Vincennes le 17 mars, dans la même semaine que les princes palatins et le prince Jean Casimir en sortirent. Ce baron revenu dans sa prison, prit une telle confiance en l'abbé de Saint-Cyran, qu'il avoit la liberté de voir, qu'il se mit sous sa conduite et lui fit une confession générale de toute sa vie. Ainsi, la disgrace de ce général devint pour lui une source de salut, et le consola dans son dernier moment, qui bientôt vint terminer sa captivité.

Le pieux abbé qui n'avoit jamais attendu sa liberté que de Dieu, continuoit de se sanctifier, et d'édifier par ses lettres, par ses bonnes œuvres et par l'exemple de sa vertu. Sa personne étoit captive, mais sa charité ne l'étoit pas. Il est étonnant qu'au milieu de ses gardes, qui tâchoient de le surprendre à toute heure, il ait écrit ce grand nombre de lettres que nous avons de lui, adressées à toutes sortes de personnes, sur toutes sortes de sujets. C'est de Vincennes, en effet, que sont écrites la plupart des lettres de cet homme vénérable, dans lesquelles il y a tant d'instruction, que le célèbre de Sacy (1) en recommandoit la lecture à toutes les personnes qu'il dirigeoit, étant persuadé qu'on y trouvoit tout ce qui étoit nécessaire pour affermir les ames dans la piété. En vain on avoit eu recours à toutes sortes de précautions pour empêcher l'abbé de Saint-Cyran d'écrire une seule ligne, pendant qu'il fut renfermé à Vincennes. Cet abbé prit le parti de tracer ses pieuses lettres avec une lame de plomb, sur du papier que trouvoient moyen de lui procurer Arnaud et Nicole (2), et qu'il

───────────

(1) Louis-Isaac le Maistre, renfermé à la Bastille pour cause de jansénisme, en 1666 jusqu'en 1668, et si connu par sa traduction de la Bible et du Nouveau Testament.

(2) Pierre Nicole, autre fameux solitaire de Port-Royal, dont nous avons un grand nombre d'ouvrages, entre autres les *Essais de Morale*, 13 vol. in-12.

cachoit dans la muraille de sa chambre.

Il composa encore dans sa prison quantité d'autres écrits : deux gros volumes *in-octavo*, de Considérations sur les Dimanches et les Fêtes; un volume de Pensées sur le Sacerdoce, sur la Pauvreté, sur la Mort, etc. etc. Il est à remarquer que l'illustre prisonnier n'avoit ordinairement qu'un crayon, et jamais d'encre. On trouvoit moyen de faire passer les minutes de tous ses écrits à une religieuse de Port-Royal, la Sœur Agnès d'Andilli, qui les mettoit au net.

L'abbé de Saint-Cyran ne sanctifioit pas seulement sa prison par des ouvrages instructifs, édifians et utiles à un grand nombre de personnes, mais encore par la prière, par le jeûne et la mortification, enfin par les aumônes. Il avoit, sur ce dernier article, une maxime digne de son extrême charité, qui étoit toujours de servir les personnes selon leur condition. C'est ce qu'il fit à l'égard de la baronne de Beausoleil, et de sa fille, qui étoient renfermées à Vincennes, et du baron de Beausoleil, détenu à la Bastille. L'abbé de Saint-Cyran ayant appris que ce seigneur étoit dans un extrême dénuement, et qu'il manquoit de vêtemens et de linge, chargea un prêtre de l'aller visiter, et de mener avec lui un tailleur (1). L'infortuné baron fut fort étonné d'entendre un ecclésiastique qu'il ne connoissoit pas, lui dire : « Monsieur, j'ai ordre de vous faire prendre la mesure d'un habit, et de vous prier de dire vous-même de quelle étoffe vous le souhaitez, sans que vous vous informiez de quelle part il vous vient. » Saint-Cyran avoit déjà fait la même chose à l'égard de la baronne et de sa fille.

Ces Beausoleil sont vraisemblablement les mêmes dont il est parlé dans l'*Histoire critique des Pratiques superstitieuses*, par le Père Lebrun, comme

---

(1) A cette époque, il n'étoit pas si difficile de pénétrer dans la Bastille, que dans les règnes qui suivirent ceux de Louis XIII et de Louis XIV.

ayant été les premiers en France qui aient prétendu trouver de l'eau et des métaux avec une baguette de coudrier. Cette erreur n'étoit pas un délit, et encore moins un crime de nature à être enfermé dans une prison d'état.

Le cardinal de Richelieu, se piquant un peu tard de quelque attention pour l'abbé de Saint-Cyran, lui fit remettre une partie de ses manuscrits, afin qu'il continuât son ouvrage contre les hérétiques ; mais il fit réponse qu'il ne convenoit point à l'honneur de la religion, que les ennemis de l'église fussent réfutés par un homme que les supérieurs dans l'église traitoient en hérétique lui-même ; qu'ainsi il croyoit que la volonté de Dieu étoit qu'il prît les souffrances pour son partage.

Un jour que ce pieux abbé mangeoit des cerises dans la chambre de sa prison, il voulut lancer les noyaux à travers les petits trous d'une fenêtre garnie de barreaux très-rapprochés, contre lesquels ils donnoient toujours. Il fit alors cette réflexion, que le savant Sorbière admire beaucoup : « Voyez, s'écria-t-il, comme » la Providence de Dieu prend plaisir à » s'opposer à mes desseins ! »

Le 14 mai 1642, ce qui restoit d'écrits de l'abbé de Saint-Cyran lui fut enfin rendu. Ses amis eurent aussi, cette année, un peu plus de liberté de le voir, tant à cause de l'éloignement de la cour qui fit le voyage de Perpignan, qu'à cause des embarras où se trouva le cardinal de Richelieu, entièrement occupé à découvrir la conspiration de Cinq-Mars : mais la liberté de le voir ne fut entière qu'après la mort de Richelieu, qui étoit regardé comme son persécuteur. Ce ministre cessa de vivre le 4 décembre 1642, et l'illustre captif sortit de prison deux mois après (le 6 février 1643). « Cette sortie, dit le pieux et » savant Lancelot, fut un effet de la piété » du roi, et non de celle de la reine ; car » après la mort du cardinal, Louis XIII » faisant ouvrir toutes les prisons que Richelieu avoit remplies, pour faire voir

» le peu de part qu'il avoit eu à ses vio-
» lences, voulut que l'abbé de Saint-Cyran
» reçût des marques de sa justice et de sa
» bonté. » Il étoit entré un vendredi au donjon de Vincennes ; il en sortit un vendredi, dans l'octave de la Purification ; ce qu'il regarda comme une marque qu'il avoit été exaucé dans la prière qu'il adressoit continuellement à Dieu, de ne point briser ses fers qu'il n'eût achevé de se purifier, croyant qu'il n'étoit que pour cela dans les horreurs de la captivité.

On doit observer ici deux choses qui forment un témoignage éclatant rendu à l'innocence de Saint-Cyran par ses ennemis mêmes : 1° il lui fut toujours permis de dire la messe à Vincennes ; 2° on ne lui fit point désavouer, avant que de sortir de prison, les erreurs et les blasphêmes qu'on lui imputoit, comme on auroit dû le faire selon les lois de l'église, si on l'eût cru coupable.

Arnaud d'Andilli l'alla prendre à Vincennes dans son carrosse. Il seroit difficile de peindre l'allégresse que firent éclater tous les habitans du château et du Donjon, lors de la délivrance d'un prisonnier dont ils avoient tant admiré les vertus. Chacun pleuroit de joie et de tristesse tout à-la-fois, étant affligé de le perdre, et ravi de le voir en liberté après une si longue et si injuste détention. Les chanoines s'empressèrent de l'aller embrasser au moment de sa sortie; les soldats se mirent en haie sur son passage, au bruit des mousquetades, des fifres et des tambours. La mémoire de l'abbé de Saint-Cyran a toujours été depuis en vénération dans le château de Vincennes. La princesse de Conti y étant allée passer l'été, en 1679, avec les princes ses enfans, les chanoines leur parlèrent souvent de cet ancien prisonnier comme d'un saint.

Le projet de cet abbé étoit de réfuter le sentiment de Calvin : 1° sur l'eucharistie; 2° sur la matière de la pénitence; 3° sur la justification; 4° sur l'autorité de l'église et du pape. Il avoit choisi ces quatre articles de la doctrine de Calvin, comme en formant toute la base. Telles étoient ses occupations, lorsqu'il fut arrêté en 1638.

Pour ne rien négliger dans cette grande entreprise, il lisoit les livres des hérétiques ; mais ce qui paroîtra singulier et même ridicule, il ne les prenoit jamais sans les avoir exorcisés et s'être armé du signe de la croix, ne doutant point que le démon n'y résidât. Il disoit souvent qu'il ne falloit jamais lire ces sortes de livres sans cette précaution, lors même qu'on est obligé de le faire pour défendre les droits de l'église, parce qu'ils ont, ajoutoit-il, une secrète malignité qui pourroit surprendre les plus forts, s'ils n'avoient soin de se recommander à Dieu. Voilà comme les plus grands hommes tiennent toujours par quelque chose à la foiblesse humaine.

L'abbé de Saint-Cyran ne goûta que bien peu la satisfaction d'avoir vu briser ses fers : il mourut dans la même année où la liberté lui fut rendue. Sa santé, minée par cinq ans d'une rigoureuse prison, dépérissoit de jour en jour. Il devint si foible qu'il ne pouvoit plus se tenir debout. La veille de sa mort, il dictoit encore la suite d'un ouvrage ayant pour titre : *Considération Chrétienne sur la Mort*, dont chaque jour, depuis quelques années, il faisoit écrire un paragraphe, ainsi que des *Pensées sur la Pauvreté* (1). Ce fut une attaque d'apoplexie qui hâta sa dernière heure. Le curé de sa paroisse lui apporta lui-même les sacremens, que le malade reçut avec toute la piété qu'on avoit lieu d'attendre d'un homme aussi religieux. Il mourut le 11 octobre 1643. L'enterrement se fit le mardi 14, à onze heures du matin, dans l'église Saint-Jacques-du-Haut-Pas, sa paroisse, où il fut inhumé dans l'enceinte

---

(1) Le premier ouvrage a été imprimé plusieurs fois à Paris, en un volume in-12; on a rangé sous deux cent soixante-un titres, et on y a joint quelques autres petits traités relatifs au même sujet. A l'égard des *Points sur la Pauvreté*, ils se trouvent presque tous dans le tome III des *Lettres*, imprimées à Lyon en 1679.

du sanctuaire; et sur la tombe on grava une épitaphe honorable. Six évêques et un archevêque assistèrent à ses funérailles, ainsi que plusieurs princesses, entre autres Marie-Louise de Gonzague, depuis reine de Pologne, qui avoit été prisonnière à Vincennes.

L'abbé de Saint-Cyran se fit beaucoup de partisans par son air simple, par ses paroles douces et insinuantes, par son savoir et ses vertus. Des prêtres, des laïques, des femmes de la ville et de la cour, des religieux, et sur-tout des religieuses, adoptèrent ses idées en matière de religion. Sa plus grande gloire est d'avoir fait du monastère du Port-Royal une de ses conquêtes, et d'avoir eu les Arnaud, les Nicole et les Pascal pour disciples.

Nous avons déjà eu occasion de parler de Jean de Werth. Ce général commandoit une armée espagnole dans les Pays-Bas; il battit souvent les troupes françaises, et s'avançant victorieux jusque près de Paris, il menaça les villes et les campagnes; ce qui

qui le rendit pendant quelque temps la terreur des femmes, qui faisoient de son nom l'épouvantail des petits enfans; mais il fut enfin battu et fait prisonnier; sa défaite et sa détention donnèrent lieu au proverbe encore en usage : *Je m'en soucie comme de Jean de Werth.*

Il fut défait au mois de février 1638, par le duc Bernard de Weimar, au combat de Rheinsfeld, et fait prisonnier. Le duc le remit au pouvoir des Français, et on le conduisit, au mois de mai 1638, au donjon de Vincennes, avec un colonel allemand. On ignore l'époque de leur sortie de cette prison; mais on sait qu'ils y étoient encore à la fin de l'année 1639. Ils y avoient été conduits par Lamillière, gentilhomme ordinaire du roi, auquel ils avoient été remis par Matarel, lieutenant de la compagnie des chevau-légers d'Hoquincourt, gouverneur de Nanci. A leur arrivée à Vincennes, le général et le colonel avoient été reçus par Chavigni, secrétaire-d'état, gouverneur du château et du Donjon.

Ce fut le 15 septembre de la même année 1639, que le prince Jean Casimir fut transféré à Vincennes. Le 17 novembre suivant, le comte Palatin eut le même sort ; mais ces deux princes, quoique prisonniers, furent traités avec tous les égards dus à leur naissance.

Au mois de juin 1642, le comte de Lamboi, Merci et Laudron, officiers généraux espagnols, prisonniers de guerre, furent également détenus au donjon de Vincennes. Le premier y demeura près de deux ans ; les deux autres furent relâchés sur leur parole et sans caution, pour aller solliciter leur rançon, dont le roi avoit fait présent au comte de Guebriant, avec la permission d'en fixer le prix : il eut vingt mille écus pour Lamboi, et trois mille pour les deux autres. Il étoit encore d'usage, dans ce temps-là, de faire payer une rançon aux prisonniers de guerre.

L'ordre des temps nous fait arriver à l'époque de l'emprisonnement d'une des dernières victimes du cardinal de Richelieu. Le comte de Montresor, d'une famille illustre, parent de Mademoiselle, fille de Gaston, fut renfermé à Vincennes, pour avoir reçu en dépôt, pendant quelques jours, les pierreries de la duchesse de Chevreuse, qui venoit de passer en Angleterre avec sa fille, afin de fuir la tyrannie du cardinal. Le comte de Montresor avoit encore commis un autre crime aux yeux de ce ministre despote ; c'étoit d'avoir la confiance de Gaston d'Orléans. Le comte de Montresor fut arrêté dans son hôtel, à Paris, par le prevôt Delile, en 1642. Le lieutenant-criminel arriva dans cet instant, et lui demanda la clef d'un cabinet où le comte renfermoit ce qu'il avoit de plus précieux ; le magistrat y fit perquisition tandis que l'on conduisoit le prisonnier à la Bastille. Il paroît qu'on avoit recommandé à Tremblay, gouverneur de la forteresse, de le traiter avec une excessive rigueur ; car il le logea dans une des tours les plus obscures, avec un soldat pour le servir, et le laissa quatorze jours sans avoir personne.

Au bout de ce temps, on le fit venir dans une grande salle, où il étoit attendu par le lieutenant-criminel, qui lui fit subir un interrogatoire de trois heures : il le tint encore plus long-temps au second interrogatoire. Ce magistrat voulut faire passer pour une faute capitale, une simple complaisance d'amitié. En effet, Montresor n'avoit fait que garder et recevoir fidèlement le dépôt qu'on lui avoit confié. Le soir de ce même jour, à minuit, le gouverneur de la Bastille vint le prévenir qu'il alloit être transféré dans une autre prison. Un exempt du grand-prevôt, accompagné de plusieurs gardes, le conduisit au donjon de Vincennes, où il le remit entre les mains de Laramée, exempt des gardes-du-corps. Il y fut quatre mois sans sortir de sa chambre, pas même pour aller entendre la messe : on lui permettoit seulement de se promener quelquefois dans une autre chambre contiguë à la sienne. Enfin il eut la liberté de prendre l'air, le matin, au haut du Donjon, ou dans les

galeries qui règnent autour des fossés, ayant toujours auprès de lui, pour observer ses actions, un des fils de la Ramée, un garde du roi, et le soldat qui avoit soin de le servir. Il resta quatorze mois dans cette prison d'état, et il n'en sortit qu'à la sollicitation de la maison de Guise. Le prince d'Orange écrivit en sa faveur à la reine Anne d'Autriche et au cardinal Mazarin. « Dieu permit, dit Montresor,
» que dans le temps qu'un prince à qui
» j'avois donné la meilleure partie de ma
» vie (Gaston d'Orléans), contribuoit à
» me rendre malheureux, un autre, aux
» intérêts duquel je n'avois jamais eu d'at-
» tachement, se portoit à m'obliger avec
» beaucoup de générosité. »

CHAPITRE XXII.

Détention du duc de Beaufort dans le donjon de Vincennes.—Son évasion en 1648.—Le marquis de Chavigni, gouverneur de Vincennes, est renfermé dans le Donjon.—Détention du maréchal de Rantzaw; de Louis II de Bourbon Condé, surnommé le Grand; de son frère le prince de Conti, et de son beau-frère le duc de Longueville.

Si le cardinal Mazarin eut assez de modération pour ne jamais verser le sang, même celui de ses plus implacables ennemis, on peut encore dire à sa louange qu'il jeta dans les prisons d'état beaucoup moins de coupables ou de victimes, que son prédécesseur le cardinal de Richelieu. Cependant nous allons voir dans Vincennes des prisonniers d'une naissance et d'un rang très-illustres, que Mazarin fut contraint d'y faire enfermer, non pour satisfaire ses vengeances particulières, mais pour raison d'état, et à cause des troubles de la Fronde.

Le duc de Beaufort, fils de César de Vendôme et de Françoise de Lorraine, duchesse de Mercœur, eut une destinée pareille à celle de son père et de son oncle, grand-prieur de France : il fut long-temps détenu dans le donjon de Vincennes. Il étoit soupçonné d'avoir conspiré contre la vie du cardinal Mazarin, et d'avoir formé le projet de le tuer lui-même, un jour que cette éminence devoit aller à Maisons, près de Paris; mais le cardinal ayant rencontré en chemin le duc d'Orléans, qui le fit monter dans son carrosse, les conjurés furent arrêtés dans l'exécution de leur dessein, par le respect que leur inspira l'oncle du roi, et ils n'osèrent rien entreprendre. Une accusation aussi grave auroit coûté la vie au duc de Beaufort, sous le ministère de Richelieu; mais Mazarin se contenta de le punir de la prison, lui et un petit nombre de prévenus. D'autres en furent quittes pour l'exil.

La reine régente ne se décida qu'avec peine à faire arrêter le duc de Beaufort : elle le plaignoit de tout ce qu'il alloit souffrir, lui et sa famille. On assure même qu'elle répandit des larmes quand elle se crut obligée d'ordonner une mesure si rigoureuse, et que dans le moment qu'elle sut qu'on l'exécutoit, elle sentit un violent serrement de cœur. Cette princesse raconta à ses confidentes, que deux ou trois jours auparavant, étant allée se promener au bois de Vincennes, où Chavigni, qui en étoit gouverneur, et secrétaire d'état des affaires étrangères, lui donna une collation magnifique, elle avoit vu le duc de Beaufort très-enjoué, et qu'alors il lui vint dans l'esprit de le plaindre, et de se dire en elle-même : « Hélas ! ce pauvre garçon ! » dans trois jours il sera peut-être ren- » fermé ici, où il ne rira point. » On voit par ce fait historique, que les souverains, les chefs de gouvernement, entraînés par les circonstances, sont souvent forcés de faire des actes de sévérité qui répugnent à la bonté de leur ame.

Le 14 juillet 1645 fut le jour fixé pour se saisir de la personne du duc de Beaufort. Le soir de ce même jour, il revenoit de la chasse, lorsqu'en rentrant au Louvre il rencontra madame de Guise et madame de Vendôme sa mère, avec la duchesse de Vendôme sa belle-sœur, qui avoient accompagné la reine toute la journée. Elles étoient imbues du bruit qui avoit couru du dessein formé par Beaufort d'assassiner le cardinal Mazarin, et elles avoient vu l'émotion que cette nouvelle répandit sur le visage de la reine. Elles s'efforcèrent d'empêcher ce prince de monter dans les appartemens, et lui dirent que ses amis étoient d'avis qu'il s'absentât pour quelques jours, afin de voir le parti qu'il leur restoit à prendre : mais lui, sans s'étonner, continua son chemin, et leur fit la même réponse que le duc de Guise à Blois, *on n'oseroit*. Encore tout enivré de l'opinion de sa faveur, il entra, rempli de sécurité, dans le cabinet de la reine, qui lui fit un accueil gracieux, et le questionna sur sa chasse, comme si elle n'eût eu que cette pensée dans l'esprit. Le cardinal étant arrivé au milieu de cette conversation, elle dit à cette éminence de la suivre, et passa dans sa chambre comme si elle y alloit tenir son conseil. Le duc de Beaufort voulant alors sortir par le petit cabinet, y trouva Guitaut, capitaine des gardes de la reine, qui l'arrêta, et lui enjoignit de le suivre de la part du roi. Ce prince, sans s'étonner, après l'avoir regardé fixement, lui dit d'un grand sang-froid : « Oui, je le veux ; mais je vous » avoue que cela me paroît étranger » Se tournant du côté de mesdames de Chevreuse, qui étoient dans ce petit cabinet, et causoient ensemble, il leur dit avec un dépit concentré : « Mesdames, vous le » voyez, la reine me fait arrêter. » Il ne se seroit pas imaginé qu'après avoir été honoré de la plus grande confiance de la reine, pendant qu'elle étoit malheureuse(1),

---

(1) Anne d'Autriche, dans les premiers jours des

elle eût pu se résoudre à le traiter de la sorte.

Quand Beaufort fut entré dans la chambre de Guitaut, où d'abord on le mena, il demanda à souper. Il mangea avec l'appétit d'un chasseur, et dormit d'un sommeil tranquille et profond. Aussitôt qu'il fut arrêté, le bruit de sa détention fit accourir la duchesse sa mère et madame de Nemours sa sœur, au Louvre, pour se jeter aux pieds de la reine et lui demander sa grace; mais Anne d'Autriche étoit enfermée dans l'intérieur de son appartement; leurs larmes ne furent point vues, et leurs cris ne furent entendus que de peu de personnes qui tâchèrent de les consoler.

L'illustre prisonnier fut mené au donjon de Vincennes. On lui donna un valet-de-chambre pour le servir, et un cuisinier du roi. Ses amis se plaignirent de ce qu'on ne lui avoit pas donné quelques-uns de ses

―――――――

troubles de la minorité, confia au duc de Beaufort la garde du jeune roi.

domestiques ; mais la reine répondit que ce n'étoit pas l'usage. Tous les Vendôme reçurent l'ordre de sortir de Paris. Le duc de Beaufort étoit renfermé depuis cinq ans dans le donjon de Vincennes, lorsque, le 31 mai 1648, il trouva le moyen de s'évader. Ce prince entretenoit depuis long-temps des intelligences avec un de ses gardes, appelé Vaugrimaut, lequel fit provision de cordes et d'autres choses nécessaires pour l'évasion du duc ; il lui facilita aussi le moyen d'entretenir une correspondance avec les amis qu'il avoit à Paris. Vaugrimaut avoit été reçu auprès de l'officier nommé Laramée, à la prière d'une personne de confiance, sous prétexte d'un duel qui le mettoit en danger à cause de la rigueur des édits. Cet homme avoit paru desirer un tel asile, afin de se soustraire aux poursuites dirigées contre lui. Ce fidèle émissaire convint avec les amis et les parens du duc de Beaufort, que le 31 mai, jour de la Pentecôte, vers le midi, à l'heure que ses gardes dîneroient, cinq hommes forts et robustes, munis de cordes, se trouveroient sur les bords du fossé, à un endroit convenu, et qu'à quelque distance de là, il y en auroit cinquante autres à cheval. On fit passer, à Vaugrimaut, une corde pour descendre dans le fossé, dont les cinq hommes devoient le retirer de l'autre côté avec une autre corde qu'ils tenoient toute prête.

Le jour marqué pour l'exécution de l'entreprise, le duc descendit du Donjon dans une galerie extérieure où on lui permettoit de se promener. Vaugrimaut avoit coutume de dîner avec les autres gardes; il y alla, et après avoir mangé un morceau, il feignit d'être incommodé, et il sortit pour aller joindre le duc de Beaufort dans la galerie, où il se promenoit avec l'officier aux gardes nommé Laramée, qui ne le perdoit pas de vue. En sortant de l'endroit où étoient les gardes, il eut soin de fermer deux ou trois portes qui communiquoient à la galerie, dont il ferma la dernière en dedans aux verroux; ensuite il se jeta, avec le duc de Beaufort, sur Laramée; ils lui mirent une poire d'angoisse(1) dans la bouche, afin qu'il lui fût impossible de crier, et lui lièrent les pieds et les mains. Comme ils ne le tuèrent pas, on soupçonna qu'il étoit d'intelligence avec eux. Vaugrimaut descendit le premier sans façon dans le fossé, parce qu'il allégua avec raison qu'il y alloit de sa vie si l'entreprise venoit à manquer, au lieu que si on reprenoit le prince, il en seroit quitte pour garder une prison plus resserrée. Beaufort céda donc le pas à son libérateur, qui parvint jusqu'au bas du fossé sans accident; mais quand vint le tour du prince, la corde s'étant trouvée trop courte, il fut obligé de se laisser tomber de dix à douze pieds de haut. Sa chute le fit évanouir; il demeura quelques instans sans connoissance, ce qui alarma beaucoup

---

(1) Machine de fer à ressort et à pointe aiguë, construite de manière que la pression la fait ouvrir de plus en plus, en sorte qu'on est forcé de tenir la bouche ouverte, sans pouvoir prononcer une parole.

les cinq hommes qui l'attendoient de l'autre côté. Beaufort étant revenu à lui, eut encore assez de force pour se lier lui-même par le milieu du corps ; et les cinq hommes, commandés par Vaumorin, gentilhomme du duc, se hâtèrent de le tirer en haut comme ils avoient déjà fait de son compagnon. Ils le montèrent à cheval, et gagnèrent au galop l'endroit où les attendoit le reste de l'escorte.

Quand le duc de Beaufort fut parvenu au milieu des cinquante cavaliers, la joie de se voir en liberté et parmi les siens, le transporta tellement, qu'en un instant il se trouva guéri de tous les maux qu'il venoit de souffrir. Il se rendit, lui quatrième, en toute diligence dans le pays du Maine et d'Anjou, et demeura quelque temps caché dans le presbytère du curé de la Flèche, jusqu'à ce que les troubles de la Fronde lui permissent de revenir dans la capitale, et de relever les espérances du parti. La surprise de la cour fut extrême à la nouvelle de l'évasion de ce prince : on en avoit cependant averti le cardinal Mazarin, quelques jours auparavant; et l'événement avoit été prédit, dit-on, par l'abbé de Marivaux et Goiset, avocat, qui se mêloient d'astrologie : mais on traita cet avis de pure chimère. Cependant l'abbé de Marivaux étoit si persuadé de la certitude de sa prédiction, qu'il l'avoit publiée avec toutes ses circonstances; et quelqu'un de ses amis l'ayant rencontré au Cours, le jour qu'elle eut son effet, et lui ayant dit tout haut que le duc de Beaufort étoit encore à Vincennes, il lui répondit qu'il n'étoit pas encore quatre heures, et qu'il falloit qu'elles fussent passées avant qu'on eût le droit de faire des railleries. Enfin la prophétie fit tant de bruit, et les avis réitérés qui furent donnés au cardinal firent tant d'impression sur son esprit, qu'il dépêcha un exprès au commandant Laramée, pour l'avertir de se tenir sur ses gardes, sans s'expliquer davantage : mais Laramée étoit loin de soupçonner Vaugrimaut, qui étoit son homme de confiance.

Une

Une femme et un petit garçon qui cueilloient des herbes dans un jardin, furent témoins de cet événement; mais ils attendirent, pour avertir au château, que le duc de Beaufort eût absolument disparu.

Chavigni seul, gouverneur de Vincennes, fut accusé de n'avoir pas pris assez de précautions pour bien garder ce prisonnier; et la reine le blâma hautement d'avoir laissé les dehors du Donjon sans des sentinelles, qui n'auroient pas manqué de s'apercevoir de ce qui se passoit à l'extérieur.

Lorsque les troubles de la Fronde furent entièrement terminés, le duc de Beaufort fit sa paix avec la cour, et en 1662, Louis XIV lui donna l'ordre du Saint-Esprit : il obtint même la survivance de la charge d'amiral de France, qu'avoit son père. Il passa ensuite en Afrique, où l'entreprise de Gigeri ne lui réussit pas ; mais l'année d'après, 1665, il défit les vaisseaux des Turcs près de Tunis et d'Alger. Les infidèles ayant assiégé Candie en 1669, le duc de Beaufort, généralissime des troupes envoyées pour la défense de cette place, en retarda la prise de plus de trois mois. Il périt dans une sortie, le 25 juin, et on ne put retrouver son corps, dont les Turcs avoient coupé la tête. On prétendit ensuite que ce prince n'avoit pas été tué au siége de Candie, et que, transféré aux îles de Lérins, il étoit lui-même ce prisonnier si illustre et si ignoré, connu sous le nom de l'*Homme au Masque de fer*. Mais rien n'a jamais pu prouver cette assertion.

Le marquis de Saint-André-Montbrun, témoin oculaire de la mort de ce prince, et qui commandoit une partie des Français accourus au secours des Vénitiens, s'exprime, à ce sujet, de la manière suivante dans ses Mémoires : « M. de « Beaufort n'attendit pas qu'il fût jour » pour donner le signal de l'attaque. » Les Français, dont on avoit fait trois » corps, donnèrent sur les retranchemens » des ennemis avec une valeur incroyable;

» mais le désordre se mêla bientôt parmi
» eux. Dès que les premiers eurent don-
» né, ils s'ouvrirent pour laisser le pas-
» sage aux autres : ceux-ci les voyant avec
» des mèches allumées, crurent que c'é-
» toient des ennemis, et tirèrent sur eux ;
» les longues vestes de sept ou huit Armé-
» niens qui servoient de guides aux pre-
» miers, aidèrent aux autres à se tromper;
» le jour naissant découvrit bientôt cette
» méprise.... Tandis que M. de Beaufort
» tâchoit de les rallier, il fut tué et con-
» fondu dans la foule des morts..... On
» n'a jamais bien su comment il avoit été
» tué; mais on sait que le grand-visir en-
» voya sa tête à Constantinople, où elle
» fut portée pendant trois jours par les
» rues, au bout d'une pique, comme une
» marque de la défaite des chrétiens. »

Le marquis de Chavigni, tout puissant sous le cardinal de Richelieu, secrétaire-d'état et ministre lui-même, est un nouvel exemple des vicissitudes de la fortune. Il avoit contribué à l'élévation de Mazarin, et à faire nommer Anne d'Autriche régente du royaume; mais il ne pouvoit souffrir Mazarin, dont il étoit jaloux, et il l'accusoit de ne point lui donner assez de part dans les affaires du gouvernement. En proie à une ambition toujours avide, quoique ses desirs dussent néanmoins être satisfaits, Chavigni crut que la victoire de Lens mettoit le grand Condé à même de donner la loi à la cour, et qu'il étoit de son intérêt de se rapprocher de ce prince; mais il manqua de prudence dans le choix de ses confidens : l'un d'eux découvrit au cardinal les projets qu'il méditoit. Gouverneur du château de Vincennes, il y étoit le matin du 18 septembre 1648, vers les onze heures, lorsqu'on vint lui dire qu'un gentilhomme ordinaire du roi demandoit à lui parler. On avoit mis dans le Donjon, depuis la bataille de Lens, les prisonniers de marque qui avoient été faits dans cette bataille. Chavigni crut que l'homme qui venoit lui parler de la part du roi, apportoit quelqu'ordre relatif à ces étrangers;

c'est pourquoi il le renvoya à son lieutenant, auquel il fit ordonner d'exécuter ce qui lui seroit commandé par ce gentilhomme ; mais son lieutenant vint lui dire que c'étoit à lui-même qu'on vouloit parler : alors Chavigni fit entrer le gentilhomme, et sa surprise fut extrême lorsqu'il reçut une lettre-de-cachet qui lui ordonnoit de partir dans deux heures pour sa terre de Chavigni. Il montra cet ordre inattendu à deux de ses amis qui étoient dans son appartement, et leur dit : « Messieurs, il faut » que nous nous séparions. Nous comp- » tions dîner ensemble, mais il faut que » vous retourniez à Paris ; et moi je vais » me préparer à obéir au roi. » Avant qu'il montât en carrosse, un capitaine des gardes, nommé Drouet, vint lui déclarer qu'il étoit chargé, de la part du roi, de prendre possession de tout le château de Vincennes. Chavigni lui fit donner toutes les clefs ; et Drouet posa des gardes dans les avenues et aux portes ; puis il vint trouver Chavigni, qu'il arrêta prisonnier, et lui donna des gardes dans sa chambre.

Au bout de quelques heures, il fut conduit dans le Donjon, pour y prendre la place du duc de Beaufort, et des autres prisonniers dont il avoit été le gardien. C'est ainsi qu'il se vit humilié dans le lieu même où il avoit commandé.

Chavigni resta quelques semaines dans le terrible Donjon; il fut ensuite transféré dans la citadelle du Hâvre, d'où il eut le bonheur de sortir plus tôt que ne le desiroit le ministre tout puissant. Il fut mis en liberté le 24 octobre de la même année 1648, lors de la conclusion de la paix avec le Parlement et avec les Frondeurs. Retiré à la campagne, il avoua depuis à ses amis, qu'il n'auroit jamais cru que la prison fût un mal aussi grand qu'il l'avoit ressenti, et que son expérience lui avoit fait connoître que c'étoit le plus grand qui pût arriver aux hommes. Il rentra quelque temps après dans le ministère, et fut bientôt obligé de céder sa place à son heureux rival, M. de Châteauvieux. Le duc de la Rochefoucault a tracé un portrait

très-ressemblant du marquis de Chavigni :
« Cet homme ayant joint à plusieurs belles
» qualités naturelles et acquises, le défaut
» que la corruption des esprits fait passer
» pour vertu, étoit entaché d'une ambi-
» tion extrême et d'un desir déréglé d'ac-
» croître sa fortune et sa réputation par
» toutes sortes de voies ; ce qu'il crut ne
» pouvoir faire plus facilement qu'en ex-
» citant de grands troubles dans l'état. »

Chavigni avoit un malheur singulier dans toutes ses intrigues : il eut la fatalité de déplaire aux principaux chefs des partis dans lesquels il se jetoit ; aussi fut-il également persécuté, et par la cour et par les frondeurs. En 1652, après le combat du faubourg Saint-Antoine, il alla voir le prince de Condé, alors attaqué d'une fièvre continue : il trouva ce prince très-mécontent de la conduite tortueuse qu'il avoit tenue, et en fut on ne peut plus mal accueilli. Cette froideur injurieuse, et les paroles dures que Condé lui adressa, tou-chèrent si vivement Chavigni, que rentré chez lui il tomba malade, et fut bientôt à l'extrémité. Le prince de Condé qui se portoit mieux, alla le voir quelques instans avant le terme fatal : l'aspect de ce prince rappela au moribond tout ce qu'il lui avoit dit de désagréable, et saisi de désespoir, ou se flattant de toucher le héros auquel il avoit eu le malheur de déplaire, il parut vouloir s'arracher les cheveux ; mais Condé le regardant d'un air insensible, dit en s'en allant et se moquant d'une telle agonie : *Cet homme est laid en diable.*

Chavigni eut souvent envie de mener une vie toute chrétienne ; mais l'ambition et l'habitude des plaisirs l'empêchèrent de suivre ce pieux mouvement. Enfin, dans sa dernière maladie, il se convertit sérieusement, mais un peu tard. Avant d'expirer, il envoya chercher un prêtre connu par l'austérité de ses mœurs, et il lui remit entre les mains des effets au porteur pour plus de huit cent mille liv., en le chargeant d'en faire des restitutions à plusieurs personnes. Mais comme il n'eut pas le temps de signer son désistement à la propriété d'autrui, ces restitutions n'eurent point lieu, et le vénérable prêtre fut obligé de rendre le tout à sa veuve. Il lui dit néanmoins qu'il en chargeoit sa conscience, pour que la sienne propre n'en fût point responsable. On soupçonne que cette dame se moqua des scrupules de son mari agonisant, et qu'elle profita des richesses qu'il avoit mal acquises.

Ce gouverneur de Vincennes si intéressé, et qui s'en repentit si tard, eut à sa garde, entre autres prisonniers marquans, le célèbre comte de Rantzaw, maréchal de France. Il étoit de l'illustre famille de Rantzaw, originaire du duché de Holstein. L'assurance qu'il donna d'abjurer le luthéranisme, contribua, autant que ses services, à son élévation. Il se fit en effet catholique en 1645; mais le 27 février 1649, sa fidélité ayant été soupçonnée, il fut arrêté et conduit au donjon de Vincennes. La calomnie frappe à l'instant ses victimes, et l'on ne détruit qu'avec beaucoup de peine le mal qu'elle a fait avec tant de facilité. Il fallut près d'une année à ce grand capitaine pour justifier son innocence. Il ne sortit de Vincennes que le 22 janvier 1650, sur les trois heures après midi.

Le maréchal de Rantzaw étoit venu en France avec Oxenstiern, chancelier de Suède; il y fut retenu par Louis XIII, qui le fit maréchal de camp et colonel de deux régimens. Il alla servir, l'an 1636, au siége de Dôle, où il perdit un œil d'un coup de mousquet; il défendit vaillamment Saint-Jean-de-Losne, en Bourgogne; en 1640, il servit au siége d'Arras, où il perdit une jambe, et fut estropié d'une main; l'année suivante, il se trouva au siége d'Aire, et fut fait prisonnier au combat d'Honnecourt. Sa valeur se signala encore au siége de Gravelines, en 1645, où il reçut le bâton de maréchal de France, par la faveur du cardinal de Mazarin. Il étoit d'une belle figure et d'une taille avantageuse; il avoit beaucoup d'esprit et d'éloquence;

Il possédoit les principales langues de l'Europe; sa valeur étoit admirable dans les grandes actions, mais elle dédaignoit pour ainsi dire les petits détails, et il paroissoit nonchalant dans les occasions ordinaires de la guerre. On dit qu'à sa mort il n'avoit qu'un œil, qu'une oreille, qu'un bras, qu'une jambe, qu'un de tout ce que les hommes ont double, par les ravages que la guerre avoit faits sur son corps; ce qui donna lieu de lui faire cette épitaphe:

O Mort! du grand Rantzaw tu n'eus qu'une des parts;
L'autre moitié resta dans les plaines de Mars.
Il dispersa par-tout ses membres et sa gloire:
Tout abattu qu'il fut, il demeura vainqueur.
Son sang fut en cent lieux le prix de la victoire;
Et Mars ne lui laissa rien d'entier que le cœur.

Ce maréchal de France ne fit, pour ainsi dire, que céder sa prison à des personnages d'un rang encore plus illustre que le sien. Le prince de Condé, justement surnommé le Grand, devoit, malgré tous ses triomphes, être la victime des intrigues du cardinal de Retz et de la politique de

Mazarin. Sa conduite avoit été trop altière pour un sujet, trop peu adroite pour un chef de parti, trop peu décidée pour un homme indépendant. Mazarin, qu'il méprisoit ouvertement, saisit l'occasion d'une démarche imprudente pour l'accuser auprès d'Anne d'Autriche : il prétendit qu'il se fortifioit en Bourgogne, et que dans toutes les provinces il avoit plus de pouvoir que la reine elle-même. Il détermina cette foible régente à faire arrêter ce prince couvert de lauriers, et à envelopper dans cet odieux projet le prince de Conti son frère, et le duc de Longueville leur beau-frère. Le ministre, par ce coup d'autorité, se proposoit d'abattre ou d'effrayer le parti de la Fronde. Ce projet ayant été enveloppé des voiles du mystère, il fut facile de le mettre à exécution, et même de faire signer à Condé l'ordre à la cavalerie qui devoit l'arrêter ; le cardinal lui ayant allégué qu'il s'agissoit de se saisir de la personne d'un frondeur déterminé.

Les trois princes furent attirés au Palais-Royal sous prétexte d'un conseil-d'état, dont Condé étoit chef. Plusieurs personnes leur avoient recommandé de n'y jamais aller tous trois ensemble; mais ils négligèrent ce sage avis. Le duc de Longueville étoit à Chaillot; Mazarin lui manda qu'il seroit question ce jour même, au conseil, d'une affaire importante qui le concernoit, et qui exigeoit sa présence. Le duc de Longueville se rendit aussitôt au Palais-Royal, le soir du 18 janvier 1650, où se trouvoient déjà les princes de Condé et de Conti. La reine les voyant réunis dans son appartement, où ils étoient venus lui faire la cour, leur dit d'aller ce jour-là au conseil avant elle. Ils obéirent sans aucune défiance, et entrèrent dans la galerie où il devoit s'assembler, où il y avoit déjà le chancelier et plusieurs ministres. Guitaut, capitaine des gardes de la reine, aborda le prince de Condé, et lui dit à l'oreille l'ordre qu'il avoit de la reine de s'assurer de sa personne, ainsi que de celle du prince de Conti et du duc de Longueville. Ce dernier ayant demandé à Monsieur le Prince de quoi il s'agissoit ; Condé l'en informa d'un air fort tranquille. Cependant, commençant à paroître un peu ému, il dit aux ministres présens : « J'a-» voue que cela m'étonne, moi qui ai tou-» jours si bien servi le roi, et qui croyois » être assuré de l'amitié de monsieur le car-» dinal. Allez, continua-t-il, s'adressant » au chancelier; allez, je vous prie, re-» présenter à la reine qu'elle ne peut re-» fuser de m'entendre. » Le chancelier sortit, mais ne revint point; et le comte de Servien, ministre d'état, en fit de même en paroissant aller chercher le cardinal. Dans ce court intervalle, Condé, conservant toute sa présence d'esprit, s'avança vers une porte et l'ouvrit ; mais il y trouva des gardes qui empêchèrent sa sortie. En même temps, Comminges, neveu de Guitaut, et aussi capitaine des gardes, entra dans la galerie, et dit aux trois princes qu'il étoit temps de marcher où sa majesté avoit ordonné. « Menez-nous au moins » dans un lieu chaud », dit Condé, qui voyant qu'il falloit passer par un petit escalier obscur, sur lequel il y avoit des gardes avec la carabine haute, recula quelques pas, et s'écria : « Guitaut, ceci a bien » l'air des états de Blois (1). — Non, non, » monseigneur, lui répondit Guitaut ; si » cela étoit, je ne m'en mêlerois pas. ». Les trois princes descendirent, traversèrent le jardin jusqu'à la rue Vivienne, et montèrent dans le même carrosse à six chevaux, où Comminges se plaça avec eux. Ce carrosse les conduisit à la porte de Richelieu ; le comte de Miossens, lieutenant des gendarmes, les y attendoit avec une partie de sa compagnie : il les mena à Vincennes ; et, pour prix de ce service, il eut le bâton de maréchal de France ; récompense qui avoit été accordée au capitaine des gardes qui, en 1616, arrêta le père du grand Condé. Miossens fut connu sous le nom de maréchal d'Albret. « Leur

---

(1) Où le duc et le cardinal de Guise furent tués par ordre de Henri III.

» escorte, dit le duc de la Rochefoucault ;
» se trouva beaucoup plus foible qu'on
» avoit cru : jamais des personnes d'une
» telle importance n'ont été conduites en
» prison par un si petit nombre de gens ;
» il n'y avoit que seize hommes à cheval. »
- L'obscurité et les mauvais chemins les retardèrent beaucoup en route. Le carrosse se rompit même entre Paris et Vincennes ; en sorte qu'ils demeurèrent quatre ou cinq heures à faire deux lieues. Le Prince descendit sous prétexte de quelque besoin, et proposa à Miossens de le sauver, en lui observant que l'occasion étoit belle pour faire la fortune d'un cadet de Gascogne. Miossens répondit que la fidélité qu'il devoit au roi, ne lui permettoit pas d'accepter de telles offres. Comminges ayant entendu la proposition, et remarquant que le prince jetoit les yeux de tous côtés pour voir s'il lui venoit du secours, lui dit qu'il étoit son très-humble serviteur, mais que quand il étoit question du service du roi, il n'écoutoit que son devoir, et que s'il
venoit

venoit du monde pour les sauver, il les poignarderoit plutôt que de les laisser sortir d'entre ses mains, et de ne pas rendre bon compte à sa majesté qui leur en avoit confié la garde. Ce discours, quoique fort dur, n'empêcha pas que le prince de Condé n'eût une entière confiance en Comminges pendant les premiers jours de sa prison, où il fut servi à table, ainsi que les deux autres princes, par les officiers des gardes, qu'il dispensa de faire l'essai des viandes devant eux.

Ils arrivèrent fort tard à Vincennes, lieu désigné pour leur prison, où ils furent reçus par le baron de Drouet, selon l'ordre qui lui avoit été envoyé en qualité de commandant du château : il les logea dans le Donjon ; et les princes ne trouvèrent ni souper, ni chambres meublées : preuve qu'on ne s'étoit pas trop flatté de pouvoir les y conduire. Condé prit deux œufs frais, et se coucha sur une botte de paille, où il dormit profondément.

Pendant cette arrestation, la reine-régente mena le jeune monarque dans son oratoire, lui apprit alors le grand événement qui se passoit, et le fit mettre à genoux avec elle, en lui prescrivant de prier Dieu pour l'heureux succès de l'entreprise, dont elle attendoit la fin avec une vive émotion.

La nouvelle de l'arrestation des princes ayant été annoncée, les frondeurs qui venoient de se débarrasser de trois de leurs principaux ennemis, se hâtèrent de venir à la cour jouir de leur victoire, eux qui, peu auparavant, y étoient haïs et humiliés.

Le même jour, le président Perault, intendant de la maison et des affaires de Condé, fut arrêté et mené au donjon de Vincennes, sans que son maître sût l'avoir si près de sa personne.

La nuit suivante, le duc de Beaufort, par l'avis du duc d'Orléans, parcourut à cheval les principales rues, afin de rassurer le même peuple, qui disoit hautement qu'on le trompoit, et que sans doute c'étoit leur bon prince qu'on avoit mis en prison. Des feux de joie furent allumés de toutes parts dans Paris, au sujet de la détention du prince de Condé, que la plupart des citadins haïssoient, à cause de l'opposition qu'il avoit toujours montrée aux sentimens de leur cher protecteur le duc de Beaufort.

Madame la princesse, mère du grand Condé, accablée de douleur, se retira, pendant quelques jours, au couvent des Carmélites. Plusieurs personnes allèrent lui témoigner la part qu'elles prenoient à son malheur. Le commandeur de Jars (1) fut un de ceux qui crurent devoir faire cette démarche. Il étoit opposé au parti de Condé; mais la princesse le connoissant pour un homme d'honneur, l'embrassa en redoublant ses larmes, et lui dit d'une voix entrecoupée de sanglots : « Comman- » deur, vous avez toujours été de mes » amis. Vous voyez l'état où je suis : puis-

---

(1) C'est celui que le cardinal de Richelieu fit conduire sur un échafaud pour avoir la tête tranchée, et auquel il fit grace au moment du supplice.

» je vous faire une prière ? — Oui, ma-
» dame, lui répondit-il, et pourvu que
» cela soit en mon pouvoir, il n'y a rien
» qu'un homme de bien puisse faire, que
» je ne fasse avec joie pour votre service.
» — Mon pauvre fils, le prince de Conti,
» reprit cette femme affligée, est infirme,
» délicat et incommodé ; il souffrira beau-
» coup de n'avoir point son valet-de-
» chambre qui est propre à le servir. Je
» vous en prie, faites en sorte auprès de
» la reine, qu'elle ordonne qu'on le lui
» envoie ; et ma peine cruelle sera en
» quelque sorte soulagée. » Le commandeur de Jars, touché de l'affliction d'une si
grande princesse, se rendit avec empressement auprès de la reine, et lui fit part
des vœux que formoit cette mère désolée.
Anne d'Autriche n'eut point la cruauté de
les rejeter : il fut permis au valet-de-chambre, dès le même jour, de se rendre au
donjon de Vincennes, et d'y soigner son
maître le prince de Conti, que sa mère
chérissoit tendrement.

Le vicomte de Turenne se retira à Stenay, pour n'être point enveloppé dans le malheur des princes, et se hâta de prendre le titre singulier de *lieutenant-général de l'armée du roi pour la liberté des princes.*

Condé étoit le seul qui conservât sa gaîté dans la prison; il chantoit, juroit et prioit Dieu : il jouoit tantôt du violon, et tantôt au volant. Le duc de Longueville étoit triste et abattu. Le prince de Conti pleuroit et ne quittoit pas le lit; ayant demandé au gouverneur une *Imitation de Jésus-Christ* : « Moi, monsieur, dit le » prince de Condé, je vous demande une » imitation de M. de Beaufort (1). »

Quand on annonça la nouvelle de l'emprisonnement des trois princes au duc d'Orléans, il s'écria : « Voilà un beau coup » de filet ! on vient de prendre un lion, un » singe et un renard. »

---

(1) Qui s'étoit sauvé du Donjon de Vincennes en 1648, ainsi que nous l'avons rapporté plus haut.

On vouloit arrêter en même temps la duchesse de Longueville, à laquelle un ministre vint porter l'ordre d'aller trouver la reine au Palais-Royal, où l'on se proposoit de la retenir. Mais un ami intime (le duc de la Rochefoucault), la fit résoudre de partir à l'heure même, et d'aller avec toute la diligence possible en Normandie, pour engager le parlement de Rouen et cette province, à prendre le parti des princes, et pour s'assurer des amis et des places du duc de Longueville, principalement du Hâvre-de-Grace. Mais comme il falloit qu'elle ne fût point connue pour pouvoir sortir de Paris; qu'elle vouloit d'ailleurs emmener avec elle sa belle-mère, et que n'ayant ni son carrosse ni ses gens, elle étoit obligée de les attendre, cachée de manière qu'on ne pût la découvrir; elle se retira, pour quelques heures, dans une maison particulière, où elle vit les feux de joie des Parisiens au sujet de la détention des princes ses frères, et de son mari.

Le prince de Condé fut abandonné de plusieurs de ses amis; mais on peut dire aussi que jamais homme n'en trouva de plus fermes et de plus fidèles que ceux qui lui restèrent. « Sa naissance, son mérite
» et son innocence, qui devoient avec jus-
» tice empêcher sa prison, étoient de
» grands sujets de la faire durer, observe
» le duc de la Rochefoucault, si la frayeur
» du cardinal, et tout ce qui s'éleva en
» même temps contre cette éminence, ne
» lui eussent fait prendre de fausses me-
» sures, dans le commencement et dans
» la fin de cette affaire. »

Dans les premiers momens de cette arrestation imprévue, les amis des princes ne trouvèrent d'autres ressources que dans leur courage; ils s'assemblèrent à l'hôtel de Condé, coururent au Val-de-Grace à dessein d'enlever les nièces du cardinal Mazarin; mais le ministre prévoyant les avoit fait sortir de leur retraite.

Au bout de quelques jours, les princes captifs eurent des officiers de la bouche du roi pour les servir. Le commencement de leur prison fut rude, le cardinal les ayant confiés aux soins et à la vigilance d'un lieutenant des gardes-du-corps, nommé de Bar, homme dur et farouche, qui s'imagina que le traitement qu'il leur feroit éprouver, lui attireroit la bienveillance de la cour. Ce de Bar ne les perdoit jamais de vue. C'étoit un Gascon; il s'acquittoit si scrupuleusement de sa commission, qu'il vouloit obliger l'aumônier de dire la messe en français, parce qu'il n'entendoit pas le latin, et qu'il craignoit qu'on n'ajoutât aux paroles de la messe, les nouvelles que l'on voudroit donner à ses prisonniers. Le cardinal Mazarin lui écrivit qu'il lui savoit gré de son zèle, mais qu'il le poussoit un peu trop loin.

Cet homme sembla s'appliquer à renchérir sans cesse sur toutes les rigueurs qui s'étoient pratiquées envers les prisonniers d'état. De nombreuses troupes cantonnées dans les villages de Vincennes et des environs; quatre corps-de-gardes disposés au pied du Donjon ; cinq portes garnies de fer et de verroux énormes ; une antichambre remplie de gardes-du-corps, ne rassuroient point encore sa vigilance ; il inondoit la chambre des princes d'officiers qui épioient leurs regards, observoient leurs paroles, leur maintien, jusqu'à leur silence, et qui, au milieu de la nuit, tiroient les rideaux de leur lit pour s'assurer de l'existence de leur proie.

Ces mauvais traitemens aigrissoient le caractère de Condé, qui, furieux contre Mazarin, s'écrioit souvent dans sa prison : « Ce vieux renard, qui jusqu'à présent a » trompé Dieu et le diable, ne se lassera » jamais d'outrager les bons serviteurs de » l'état, à moins que le parlement ne con- » gédie ou ne punisse sévèrement cet il- » lustrissime faquin de piscina. »

Ce prince, aussi fier en prison qu'à la tête des armées, fit essuyer à de Bar, qui étoit bassement vendu à la cour, toutes sortes de mortifications, et en fit le sujet de ses plaisanteries. Le goût que ce prince avoit pour la lecture, adoucit beaucoup ses ennuis : il étudioit la politique, l'histoire, et lisoit avec une grande application tout ce que l'Espagne et l'Italie ont produit de plus parfait dans ces deux genres.

Il cultivoit aussi les fleurs. On avoit fait faire dans les jardins qui environnent la tour du Donjon, un parterre à compartimens; les allées étoient sablées avec soin. Là, le grand Condé se voyoit condamné à être jardinier; il s'amusoit à planter des fleurs, sur-tout des œillets, à les cultiver et à les arroser. C'étoit, selon la remarque d'un historien, le dieu Mars enchaîné, et devenu cultivateur par désœuvrement. Mademoiselle Scuderi, surnommée la Sapho du siècle, fit à ce sujet le joli madrigal que voici :

> En voyant ces œillets, qu'un illustre guerrier
> Arrosa d'une main qui gagna des batailles,
> Souviens-toi qu'Apollon bâtissoit des murailles,
> Et ne t'étonne pas que Mars soit jardinier.

Condé, métamorphosé par force en jardinier, dit un jour à Dalence, son chirur-

gien : « Aurois-tu jamais cru que je serois
» occupé à arroser des fleurs, tandis que
» ma femme feroit la guerre ? »

En effet, la princesse de Condé étoit allée faire soulever la Guienne, et la duchesse de Longueville la Normandie. Les peuples irrités demandèrent hautement l'expulsion de Mazarin; et le vicomte de Turenne, à la tête de quatre mille chevaux, entreprit de tirer les princes du château de Vincennes; mais il n'en eut pas le temps, ainsi que nous le dirons bientôt.

Les illustres prisonniers eurent encore une consolation à laquelle ils ne s'étoient point attendus. Dès le quatrième jour de leur détention, ils eurent la facilité d'entretenir un commerce de lettres avec leurs amis, malgré l'extrême sévérité de leur impitoyable geôlier.

Montreuil, secrétaire du prince de Conti, étoit celui qui conduisoit, avec une adresse merveilleuse, cette correspondance secrète. Tous les surveillans des prisonniers, tels que valets et officiers de garde de la chambre, en étoient la dupe et prêtoient leur ministère sans le savoir ; les lettres alloient et venoient dans des bouteilles à double fond, et par d'autres moyens industrieux, avec une facilité incroyable. « Nous » leur écrivions, dit le cardinal de Retz, » dont la politique intrigante et incertaine » changea souvent de parti ; ils nous fai- » soient réponse, et le commerce de Paris » à Lyon n'a jamais été mieux réglé. De » Bar, qui les gardoit à vue, étoit homme » de peu de sens. De plus, les plus fins y » sont trompés. » De Bar étoit souvent lui-même l'instrument dont se servoit Montreuil pour faire tenir les lettres aux princes. Il avoit fait faire des écus creux qui fermoient à vis, qu'on mêloit avec ceux qu'on envoyoit de temps en temps aux trois prisonniers pour jouer, et que l'on confioit à de Bar pour les leur remettre entre les mains.

Pendant ce temps-là les discordes civiles déchiroient l'intérieur de la France, et ses frontières étoient en proie aux ravages des ennemis du dehors. Les Espagnols, par la prise de quelques places, sembloient vouloir s'approcher de Paris, et la cour craignit qu'ils n'enlevassent les princes du donjon de Vincennes, ce qui leur eût été facile en partant de Rhetel. Le conseil se décida à les faire transférer dans une autre forteresse; mais la difficulté fut de convenir du lieu. Peu s'en fallut qu'on ne se décidât pour la Bastille. Enfin on fit choix, pour quelque temps, de Marcoussi, château que les rivières qu'il auroit fallu passer, mettoient à l'abri des incursions des Espagnols. Il appartenoit alors au comte d'Entragues. Ce fut à regret que Condé quitta le donjon de Vincennes, où il étoit plus à portée d'entretenir une correspondance avec ses amis. Il avoit trouvé moyen de se procurer une épée et des poignards, quand il fut transféré à Marcoussi. Une entreprise avoit même déjà été formée pour l'évasion des princes, et peut-être, quelques jours plus tard, auroient-ils été délivrés. On étoit parvenu à gagner quatre gardes du roi, des sept qui se tenoient jour et nuit dans l'appartement des prisonniers : ils devoient se rendre maîtres des trois autres ou les poignarder.

Un autre projet plus hardi avoit encore été formé. Malgré la vigilance sévère avec laquelle Condé étoit gardé à Vincennes, peu s'en fallut que le fameux Gourville, jadis valet-de-chambre du duc de la Rochefoucault, n'eût la gloire de briser ses fers, et de faire ce que tant de guerriers et de négociateurs avoient entrepris en vain. La nature lui avoit prodigué l'audace, l'activité, l'esprit d'intrigue, de ressource et de négociation ; en un mot, c'étoit un de ces hommes faits pour réussir par toutes sortes de moyens.

La garde des princes avoit été principalement confiée au régiment des gardes françaises ; mais il n'y avoit presque pas un officier, un soldat de ce corps, qui ne gémît d'avoir à garder dans une prison le héros sous lequel ils avoient combattu et vaincu tant de fois. Leur indignation, leur pitié augmentoient lorsqu'ils considéroient que c'étoit aux intérêts d'un ministre étranger, abhorré de la nation, qu'un des premiers princes du sang étoit injustement sacrifié. Gourville, instruit de ces dispositions et de ces murmures, s'insinue habilement dans la confidence des plus audacieux; il échauffe leur ardeur, il irrite leur courage, et les éblouit à force de promesses. Mais ce qu'il y avoit de plus fâcheux, c'est qu'il ne possédoit pas plus d'argent que ceux qu'il entreprenoit de séduire. Guidé par son zèle, il va trouver la princesse douairière, lui explique son projet, et lui en exagère la facilité. Cette mère attendrie embrasse Gourville, et au lieu de trois cent mille livres qu'il lui demandoit, elle lui en promet jusqu'à cinq cent mille; elle s'engage de plus à lever un nouveau régiment, sous le nom d'Enghien, dont elle distribueroit tous les emplois aux sergens et aux soldats qui auroient concouru avec plus de courage au succès de l'entreprise.

Les conjurés, assurés de l'aveu de la

princesse et d'une grande récompense, fixèrent l'exécution du complot au dimanche suivant. Ce jour-là, de Bar ne manquoit jamais d'aller entendre vêpres à la Sainte-Chapelle de Vincennes, avec tous les officiers de la garnison. On devoit masquer les portes de l'église, y établir une forte garde, et y retenir de Bar lui-même prisonnier, pendant que les chefs de la conspiration, qui n'étoient que des sergens, crieroient liberté aux princes, et deux cent mille livres pour ceux qui la leur procureroient.

On étoit persuadé que des huit compagnies qui remplissoient Vincennes, il n'y avoit pas un soldat qui, attiré par l'appât du gain, ne se joignît aux libérateurs de Condé. Déjà la princesse avoit envoyé quatre officiers avec d'excellens chevaux, pour monter les princes dès qu'ils seroient en liberté.

On étoit au vendredi ; le nombre des complices augmentoit chaque jour ; le
succès

succès paroissoit immanquable; mais il échoua par la lâcheté ou la trahison.

Un des conspirateurs, effrayé des suites de l'entreprise, va se confesser au pénitencier de Notre-Dame, s'accuse d'un vol qu'il veut restituer, et glisse entre les mains du prêtre, un billet contenant ces mots écrits en gros caractères : *Dimanche, à trois heures, on doit mettre les princes en liberté.* Le pénitencier dévoué au coadjuteur, lui porte ce billet; et le lendemain le duc de Beaufort parut auprès de Vincennes, suivi d'une nombreuse troupe de frondeurs. Il n'en fallut pas davantage pour faire comprendre aux conjurés que le secret de la conspiration étoit découvert : ils demeurèrent dans l'inaction. Cette affaire manquée n'eut aucune suite : on se contenta de changer les compagnies attachées à la garde du Donjon, et de transférer les princes à Marcoussi.

Ce château parut bientôt peu sûr pour renfermer des prisonniers de cette importance, et la cour pensa qu'ils seroient beaucoup mieux détenus dans la citadelle du Hâvre. Le duc d'Harcourt, qui se chargea de les y conduire, s'attira le blâme d'une infinité de personnes, trouvant que cette action étoit indigne de lui et de l'honorable réputation dont il jouissoit. Monsieur le Prince composa cette chanson dans son carrosse, pendant qu'on le transféroit au Hâvre, et elle fut long-temps dans la bouche de tout le monde :

>Cet homme gros et court,
>Si connu dans l'histoire,
>Ce grand comte d'Harcourt,
>Tout couronné de gloire,
>Qui secourut Casal, et qui reprit Turin,
>Est maintenant, est maintenant,
>Recors de Jules Mazarin.

Les princes arrivèrent au Hâvre le 25 de novembre 1650 ; ils étoient partis le 15, et marchoient à petites journées à cause des troupes de leur escorte. Ils se flattoient toujours qu'un gros de leurs partisans viendroit les enlever ; et Condé tenta de se sauver lui-même dans une hôtellerie; mais de Bar les veilloit de si près, que la chose lui fut impossible.

Le peu courtois et farouche de Bar suivit les princes à Marcoussi et au Hâvre: il avoit bien mérité d'être continué dans ses fonctions.

Les amis et les partisans de Condé et de ses frères formèrent aussi le projet de les tirer de la citadelle du Hâvre; mais comme il auroit fallu employer la force, et que la vie des princes auroit été exposée, on préféra de leur procurer la liberté en faisant intervenir le Parlement.

Les assemblées des magistrats à ce sujet, et les plaintes qui s'élevoient de toutes parts, inquiétèrent vivement la cour; elle sentit qu'il étoit temps de terminer enfin la détention des princes. Le cardinal Mazarin, en politique consommé, se chargea lui-même d'aller leur apprendre qu'ils étoient libres: il se flattoit de se rétablir dans leur esprit par ce moyen, et de mettre dans ses intérêts leurs nombreux partisans. Il prit la poste à Saint-Germain-en-Laye, où il se tenoit alors, et fit une telle diligence qu'il devança les députés chargés des ordres de la cour. Il arriva au Hâvre le lundi matin, 13 février 1651, après avoir couru toute la nuit, et il alla aussitôt à la citadelle remettre à de Bar l'ordre de la reine, écrit de la main de cette princesse, et conçu en ces termes :

« Monsieur de Bar, je vous fais celle-
» ci, pour vous dire que vous exécutiez
» ponctuellement tout ce que mon cousin
» le cardinal Mazarin vous fera savoir de
» mon intention touchant la liberté de
» mes cousins les princes de Condé, de
» Conti et duc de Longueville, qui sont
» en votre garde, sans vous arrêter à
» quelque autre ordre que vous pourriez
» ci-après recevoir du roi monsieur mon
» fils, ou de moi, contraire à celui-ci.
» Priant Dieu, M. de Bar, qu'il vous ait
» en sa sainte garde.

» Ecrit à Paris, le 6 février 1651. »

Mazarin parut dans la chambre des

princes, et leur dit qu'il apportoit lui-même l'ordre de leur liberté; que la reine prioit le prince de Condé en particulier, d'aimer l'état, le roi et la personne de son premier ministre : Condé, en l'embrassant, lui répondit avec gravité, qu'il étoit obligé à la reine de la justice qu'elle lui rendoit ; qu'il seroit toujours son serviteur, ainsi que du roi, et ajouta, en s'adressant au cardinal, *et de vous aussi, monsieur.* Mazarin lui répliqua que les portes étoient ouvertes, et qu'il pouvoit sortir ; mais Condé, bien certain qu'il ne les pouvoit plus fermer, ne se hâta point de les passer, et demanda qu'on leur servît à dîner avant que de partir. Ils dînèrent tous ensemble, c'est-à-dire les trois princes, le cardinal, le maréchal de Grammont, et de Lionne, ministre, qui venoient d'arriver. Ce repas se fit avec la même cordialité que s'ils eussent été tous satisfaits les uns des autres : la politique l'exigeoit ainsi. Le cardinal fit adroitement tout son possible pour se raccommoder avec les princes ; la suite fit voir que ses efforts furent inutiles. Après le dîner, les princes sortirent gaîment de leur prison, et montèrent dans le carrosse du maréchal de Grammont, qui les attendoit dans la grande place de la citadelle. Le cardinal les accompagna jusqu'à leur voiture, et eut la mortification de les voir triompher d'un ennemi tel que lui. Il fit un grand salut à Condé, qui à peine le remarqua ; et ce prince se jetant brusquement dans le carrosse, commanda au cocher d'aller grand train. Il donna cet ordre en éclatant de rire, et d'un ton moqueur ; ce qui fit soupçonner qu'il emportoit au fond du cœur le desir de se venger du cardinal ; et la suite ne prouva que trop la justesse de cette observation. Il vint coucher à quatre lieues du Hâvre, chez un gentilhomme qui ne s'attendoit point à recevoir une si illustre compagnie, et qui néanmoins lui fit faire bonne chère. Condé y dit en riant, que de Lionne qui ne l'avoit point suivi, étoit demeuré au

Hâvre pour consoler le cardinal Mazarin.

Les princes arrivèrent à Paris le jeudi 16 du même mois ; et le peuple, toujours inconstant et capricieux, alluma des feux de joie pour célébrer leur délivrance, comme il en avoit fait lors de leur captivité.

Le 11 février de la même année, de Gillier, maître-d'hôtel du roi, porta l'ordre du monarque à M. de Suignan, commandant du château de Vincennes, de mettre à l'instant en liberté Perault, président de la chambre des comptes, et intendant de la maison de Condé, arrêté le même jour que ce prince, ainsi que nous l'avons dit plus haut.

On a montré pendant long-temps, au donjon de Vincennes, les chambres dans lesquelles furent renfermés le père du grand Condé, en 1616, et le grand Condé lui-même, trente-quatre ans après.

CHAPITRE XXIII.

Arrestation du cardinal de Retz, archevêque de Paris, et particularités sur sa détention à Vincennes.—Anecdotes sur d'autres prisonniers célèbres, renfermés dans cette même prison d'état.

Les troubles de la fronde et la politique de Mazarin n'occasionnèrent pas seulement la détention des princes proches parens de la famille royale, mais encore l'arrestation de François-Paul de Gondi, cardinal de Retz et coadjuteur de l'archevêque de Paris. Cet événement causa la plus grande surprise en France, et excita l'attention de toute l'Europe.

Le cardinal de Retz avoit trop fait sentir à la cour qu'il avoit beaucoup de crédit sur le peuple, et qu'il pouvoit devenir dangereux ; la cour voulut s'en venger en le mettant dans l'impuissance de nuire. Anne d'Autriche et son conseil formèrent donc la résolution de se saisir de sa personne, quoique la chose ne fût point aisée. Le coadjuteur ne sortoit que bien accompagné, et ne grossissoit plus le nombre des courtisans; mais il commit l'imprudence de se rendre presque seul au Louvre, le 18 décembre 1652, vers les onze heures du matin, malgré les avis secrets qu'il reçut de se tenir sur ses gardes. Il avoit cru qu'il ne pouvoit se dispenser de venir présenter ses respects au roi, de retour dans sa capitale, qu'il avoit abandonnée lors des derniers troubles. Pradelle, chargé depuis quelque temps de l'arrêter, avoit supplié le roi de lui donner cet ordre écrit de sa main; il jugeoit qu'il se trouveroit peut-être dans la nécessité de l'attaquer à force ouverte, et de lui ôter la vie en cas de résistance. Mais la reine défendit qu'on en vînt à cette extrémité. Le cardinal de Retz rencontra le jeune monarque qui alloit chez la reine sa mère. Ce prince lui fit un accueil gracieux, l'invita de le suivre, et en même temps commanda tout bas à Villequier, capitaine de ses gardes, de l'arrêter quand il sortiroit de chez la reine. Villequier exécuta ponctuellement cet ordre. Dès qu'il vit paroître le coadjuteur seul, il l'attira dans l'embrasure d'une fenêtre, lui dit qu'il l'arrêtoit de la part du roi, et marchant à son côté, le conduisit dans l'appartement du capitaine des gardes. Le cardinal, en y entrant, se tourna vers le petit nombre de ceux qui l'avoient suivi, et leur dit qu'ils pouvoient se retirer; qu'il étoit arrêté. Cette nouvelle s'étant répandue aussitôt dans le Louvre, la reine-mère s'écria qu'elle louoit Dieu de ce qu'on n'avoit pas répandu une seule goutte de sang.

Le cardinal de Retz arriva à Vincennes entre huit et neuf heures du soir. On le mena au Donjon, dans une grande chambre où il n'y avoit ni tapisserie, ni lit : celui qu'on y apporta, sur les onze heures du soir, étoit de taffetas de la Chine, peu propre pour un ameublement d'hiver. Le prélat fut obligé de se lever le lendemain sans feu, parce qu'il n'y avoit point de bois pour en faire; et les trois exempts aux gardes, que l'on avoit d'abord mis auprès de sa personne, l'assurèrent qu'il n'en manqueroit pas le lendemain. Mais celui qui demeura seul pour garder le prisonnier, prit tout le bois pour lui; en sorte que le cardinal fut quinze jours, dans le temps le plus rigoureux de l'hiver, dans une chambre grande comme une église, sans pouvoir se chauffer. Cet exempt s'appeloit Ducroisat; c'étoit un homme désagréable. Le coadjuteur prétend qu'il lui vola son linge, ses habits, ses souliers; qu'il étoit quelquefois obligé de demeurer huit ou dix jours dans le lit, faute d'avoir de quoi s'habiller; mais qu'il l'accoutuma enfin à ne plus le tourmenter, à force de lui faire connoître qu'il ne se tourmenteroit de rien. Ce même exempt, pour mettre à l'épreuve la patience de son illustre prisonnier, fit travailler à un petit jardin de deux ou trois, toises qui étoit dans la cour du Donjon ; et comme le cardinal lui demanda ce qu'il en prétendoit faire, il lui répondit que son dessein étoit d'y planter des asperges, afin d'en régaler son éminence au bout de trois ans. Néanmoins on donna des livres au prisonnier, mais par compte, et on lui refusa d'abord encre, plume et papier ; on ne lui accorda qu'avec peine un valet-de-chambre et un médecin.

La garde ordinaire du Donjon fut augmentée d'un grand nombre de gardes-du-corps, commandés par le sieur Duflos, premier exempt, ainsi que par Ducroisat, autre exempt, qui commandoit dans le Donjon. La surveillance qu'ils exerçoient étoit si rigide, qu'ils se trouvoient tous enfermés au dedans de la cour du Donjon, sans avoir la liberté d'en sortir pour aller entendre la messe : ils assistoient à celle que le cardinal célébroit souvent lui-même, ou que disoit un chanoine de la Sainte-Chapelle de Vincennes. Le prisonnier fit des présens à cette chapelle ; il donna un calice, des chandeliers et des burettes, le tout d'argent, qu'il avoit fait faire pour célébrer la messe pendant sa détention.

Quoique gardé à vue, le cardinal trouvoit moyen de tromper l'éternelle surveillance de ses argus : « Mes amis, dit-il dans
» ses Mémoires, m'écrivoient régulière-
» ment deux fois la semaine.... Nonobs-
» tant le changement de trois exempts et
» de vingt-quatre gardes du corps, qui se
» succédèrent pendant le cours de quinze
» mois les uns aux autres, mon commerce
» ne fut jamais interrompu. »

L'archevêque de Paris, oncle du coadjuteur, étoit bien éloigné de seconder les amis du cardinal pour forcer la cour à le mettre en liberté ; outre la foiblesse de son caractère, sa jalousie contre son neveu s'opposoit à ce qu'il lui rendît aucune espèce de service; mais le coadjuteur trouva plus d'attachement et de zèle dans la présidente de Pommereuil. Dès les premiers jours, elle étoit parvenue à trouver des expédiens pour qu'il écrivît et reçût assez souvent des lettres du dehors. Cette dame étoit depuis long-temps l'amie du coadjuteur, qui avoit pour elle un goût beaucoup plus vif que celui qu'il avoit eu jusque-là pour tant d'autres femmes, qu'il avoit su captiver. La présidente de Pommereuil méritoit cette distinction flatteuse; elle obligea toujours le coadjuteur sans aucune vue d'intérêt particulier, et sans avoir voulu prendre la moindre part dans les affaires politiques ; elle en usa même si généreusement à l'époque de son arrestation, qu'elle mit en gage ses diamans pour rendre service au cardinal, tandis que les parens de ce prélat refusoient de faire la moindre dépense, pas même une seule démarche pour adoucir sa captivité.

La duchesse de Lesdiguières, sa parente, fit aussi une chose en sa faveur, qui pouvoit lui être utile, mais qui faillit le perdre, en même temps qu'elle prouve l'extrême corruption de ce siècle. Cette duchesse imagina qu'il pourroit avoir besoin de contre-poison ; elle en donna deux petites boîtes au marquis de Villequier, qui l'avoit arrêté, pour les lui faire tenir ; mais Villequier les ayant aussitôt apportées à la reine, cette princesse en informa le conseil, où le ministre Servien fut d'avis d'en ôter le contre-poison, d'y mettre du poison véritable, et de les faire ensuite passer au prisonnier. Cet horrible conseil auroit été suivi, si Letellier n'avoit fait décider qu'on jetteroit les boîtes au feu, et qu'on n'en parleroit plus.

Le cardinal de Retz auroit pu s'évader de Vincennes; le président de Pomme-reuil et Caumartin lui en avoient ménagé la facilité, moyennant une somme de cent cinquante mille livres, qui devoit être déposée entre les mains d'une personne sûre. Le succès de cette tentative paroissoit infaillible; mais le cardinal rompit tout, en écrivant qu'il ne falloit point se fier à Ducroisat, dont il se plaignoit beaucoup, et qu'il soupçonnoit d'intelligence avec la cour pour le faire périr dans l'exécution du projet. Cette crainte n'étoit fondée que sur la timidité du cardinal ; et la suite fit connoître clairement que Ducroisat agissoit de bonne foi. Cette intrigue se ménageoit avec une femme que Ducroisat entretenoit depuis long-temps, et qui offroit de se mettre en otage en tel lieu qu'on voudroit, en attendant l'évasion du cardinal.

Pendant sa détention à Vincennes, la cour faisoit vivement solliciter ce prélat de se démettre de l'archevêché de Paris, qui lui étoit dévolu depuis la mort de son oncle, Jean-François de Gondi, premier archevêque de cette capitale, décédé le 21 mars 1654. A cette condition, il eût non-seulement joui de sa liberté, mais il eût reçu une grosse somme d'argent. Pradelle avoit été mis avec le prisonnier pour lui en faire la proposition et y disposer son esprit. La duchesse de Lesdiguières, qui approuvoit ce parti, avoit également placé auprès du cardinal, sous prétexte de le consoler dans sa prison, M. de Bragelonne, chanoine de Notre-Dame, qui avoit ordre de de le porter à se démettre. Mais loin d'écouter ses conseils, le cardinal s'éloigna ouvertement de ce chanoine, que la solitude fit tomber dans une noire mélancolie ; sa tête se troubla, et attaqué d'une fièvre chaude, il se coupa la gorge avec un rasoir.

Alors furent présentées au chapitre de Notre-Dame, des lettres du cardinal de Retz, portant nomination de deux grands-vicaires. La signature étc' fausse, ainsi que celle de plusieurs autres lettres qui passèrent pour être de ce prélat, au grand étonnement de la cour et de la ville. Le nommé Lehoux, principal d'un collége, demanda à voir l'écriture de son archevêque, et la contrefit si bien, que tout ce que l'on crut écrit par le prélat, étoit de la main de ce principal, qui, dans cette occasion, quoiqu'il fût un homme très-pieux, ne se fit point scrupule d'être un faussaire.

Croissi-Fouquet (il n'avoit rien de commun avec le surintendant des finances) se trouvoit prisonnier au donjon de Vin-

Tome II. L

tennes en même temps que le cardinal de Retz, et il étoit logé au-dessus de la chambre de ce prélat. Ces deux prisonniers eurent ensemble un commerce de lettres par un trou pratiqué dans la cheminée, et au moyen d'une ficelle que Croissi descendoit de la fenêtre de sa chambre, la nuit, pendant que les gardes étoient endormis ; ils attachoient des billets à cette ficelle, et cette correspondance suspendit souvent l'ennui de leur prison.

Croissi-Fouquet étoit conseiller au parlement de Paris. Il se jeta dans les intérêts du prince de Condé aussitôt que ce prince se fut brouillé avec la cour. Il fut arrêté et mis au Donjon peu de jours après la détention du cardinal de Retz, parce que, contre l'ordre du roi, il étoit revenu à Paris, où il se tenoit caché. On instruisit avec chaleur son procès, et le chancelier vint l'interroger deux fois. Il étoit accusé d'intelligence avec Condé, même depuis que ce prince s'étoit retiré parmi les Espagnols en Flandre, et il avoit proposé le premier, dans le Parlement, de mettre à prix la tête du cardinal Mazarin. Il sortit néanmoins de prison sans être jugé, sur la parole qu'il donna de se défaire de sa charge, et de quitter Paris ou le royaume. Il se rendit à Rome, où il passa plusieurs années.

La cour n'avoit rien à craindre du côté des partisans du cardinal de Retz, ni du côté de sa famille ; mais elle devoit toujours appréhender que le parti du coadjuteur ne se rapprochât de celui du prince de Condé, alors retiré en Flandre. Informée par un de ses espions que le nommé Breteval, marchand de dentelles à Paris, rue des Bourdonnois, entretenoit un commerce de lettres avec le prince de Condé, la cour donna ordre au lieutenant-civil d'arrêter Breteval et de le conduire à Vincennes, après avoir fait une perquisition exacte de tout ce qui étoit dans sa maison. Si le lieutenant-civil s'étoit bien acquitté de sa commission, il auroit fait une capture importante, en s'emparant de Marigni, agent de Condé, qui logeoit chez le marchand de dentelles, et qui étoit encore au lit quand Breteval fut arrêté. Mais ayant entendu du bruit dans la maison, Marigni se leva, et quoiqu'il fût en chemise, il gagna le haut du toit, sans que personne s'en aperçût. Tout en marchant sur les tuiles, il se coula par une lucarne chez Fardouel, secrétaire du roi et avocat au conseil. Ne se croyant pas en sûreté dans le grenier, il descendit jusque dans la cave; la fraîcheur du lieu ne lui auroit pas permis d'y faire un long séjour sans y éprouver une extrême incommodité, si, heureusement pour lui, une servante n'y fût descendue peu de temps après pour tirer du vin. Cette fille, surprise et effrayée de trouver en cet endroit un homme en chemise, jeta un cri qui fit plus de peur à Marigni, qu'elle n'en avoit elle-même. Dans la crainte que ce cri ne le fît découvrir, après l'avoir priée de ne point faire de bruit, il lui dit, pour la rassurer, qu'il étoit un pauvre marchand de Rouen, ami de Breteval, poursuivi par des créanciers impitoyables, qui le ruineroient s'ils se saisissoient de sa personne. Il la pria ensuite d'avertir le sieur Dalancé, maître chirurgien, que son ami logé chez Breteval, s'étoit réfugié chez M. Fardouel, et qu'il souhaitoit de lui parler. Dalancé, qui étoit en peine de lui, reçut ce message avec joie, et ayant bien recommandé le secret à cette fille, et d'avoir bien soin de cet ami réfugié, il la chargea de lui dire de prendre patience jusqu'au soir, et qu'il iroit lui-même le tirer de sa retraite. La servante trouvant Marigni tremblant de froid, lui porta la couverture de son lit, dans laquelle il s'enveloppa en attendant la nuit. Dalancé lui fit porter des habits, et le conduisit chez un de ses amis. Tout ceci se passa à l'insu de Fardouel, qui n'apprit que long-temps après la terreur de sa servante, et le service que, sans le savoir, elle avoit rendu à un agent du prince de Condé.

Revenons au cardinal de Retz. Il se démit enfin de son archevêché, et ne fut pas moins retenu prisonnier, parce qu'il fallut attendre la ratification de la cour de Rome.

Tout l'adoucissement qu'il obtint, fut d'être transféré au château de Nantes, dont son parent, le maréchal de la Meilleraie, étoit commandant. Ce maréchal vint le prendre à Vincennes, et le conduisit à Nantes avec une escorte de trois cents chevaux, composée des gardes de la reine, des gendarmes, des chevau-légers, et des gardes du cardinal Mazarin ; il y avoit encore un détachement de cent cinquante mousquetaires, tirés de deux compagnies du régiment des gardes, que Pradelle commandoit à Vincennes. Ce fut le 30 mars 1654 que le cardinal de Retz sortit du donjon de Vincennes, après quinze mois de détention. Mais une escorte si nombreuse ne convenoit guère à un homme qu'on devoit mettre en liberté ; aussi n'étoit-ce qu'un changement de prison ; et quand le cardinal de Retz apprit, la veille de son départ, qu'il alloit être escorté par un si nombreux détachement, il en fut si effrayé, qu'il ne put retenir ses larmes, et qu'il s'écria qu'on l'avoit trompé.

Le changement de situation du cardinal avoit, dit-on, été prévu et annoncé par l'avocat Goiset, qui se mêloit d'astrologie, et qui avoit précédemment prédit l'évasion du duc de Beaufort. Cet avocat écrivant à un des amis du cardinal, lui manda de se consoler et de prendre patience ; que la détention de l'archevêque ne seroit pas longue ; qu'il y auroit plusieurs négociations pour sa liberté, dont il ressentiroit les premiers effets au mois de mars 1654, mais qu'elle ne seroit entière que vers le 15 octobre de la même année : ce qui fut confirmé par l'événement. Nous ne rapportons ces prédictions, que pour rappeler à nos lecteurs qu'à cette époque on se mêloit encore d'astrologie judiciaire, et que certaines personnes ne se faisoient une réputation dans l'art d'annoncer l'avenir, que par la connoissance de certaines circonstances secrètes qui leur étoient révélées et qui leur servoient merveilleusement à tromper la crédulité publique.

Le cardinal de Retz ne jouit en effet,

dans le château de Nantes, que d'une ombre de liberté. Quoique le maréchal de la Meilleraie le traitât avec toute la douceur et l'honnêteté possibles, il le faisoit néanmoins garder aussi soigneusement qu'il l'avoit été dans le donjon de Vincennes. Le cardinal de Retz étoit logé au second étage, dans une chambre où quatre soldats passoient toutes les nuits à sa porte en dedans, tandis qu'une sentinelle veilloit continuellement dans la cour sous ses fenêtres. Pendant le jour il avoit la liberté de se promener dans le château, et dans une allée en terrasse dont la vue donnoit sur la rivière et sur le faubourg. Mais il n'y alloit jamais qu'accompagné de deux gardes qui avoient ordre de ne point le quitter. Deux sentinelles, éloignées l'une de l'autre d'environ soixante pas, se tenoient toujours à chaque bout de cette allée. A cela près, le maréchal faisoit au cardinal de Retz le meilleur traitement ; sa table étoit toujours bien servie, et la chère étoit exquise ; le maréchal avoit soin également de faire venir au château la meilleure compagnie, tant en hommes qu'en femmes, non-seulement de la ville, mais de la province. Il amusoit souvent son prisonnier par la comédie, que représentoient des acteurs passables. Il donnoit à jouer tous les jours, et jouoit lui-même fort gros jeu. Il permettoit aussi au cardinal de voir tous ses amis, ses parens et ses domestiques, jusqu'à ce qu'il se retirât dans sa chambre à coucher, ce qui avoit lieu vers les onze heures du soir.

Mais les meilleurs traitemens ne sauroient dédommager de la perte de la liberté. Le coadjuteur craignant d'être transféré dans une autre forteresse, au lieu d'obtenir son élargissement que lui avoit promis la cour, médita son évasion du château de Nantes, d'après le conseil de ses plus intimes amis. Plusieurs expédiens lui furent proposés, entr'autres ceux-ci. Lorsque le duc de Brissac, son proche parent, venoit le voir, il logeoit sous la garde-robe du cardinal; on imagina donc de pratiquer au plancher qui les séparoit, une ouverture par laquelle le cardinal pourroit descendre dans l'appartement du duc; là on devoit le mettre dans un coffre préparé à cet effet, et qu'on chargeroit sur un mulet comme s'il appartenoit aux bagages. D'un autre côté, la duchesse de Retz, sa belle-sœur, lui offrit de le sauver dans son carrosse, sous les habits d'une de ses demoiselles qui, suivant la mode d'alors, sortoient toujours masquées, ainsi que la duchesse, sans qu'on les examinât jamais à la porte du château. Mais on quitta cet expédient qui auroit pu compromettre le duc de Retz, pour en adopter un autre qui parut immanquable, et qui ne dépendoit d'ailleurs que du cardinal et de ses plus affidés domestiques. Il s'agissoit de le descendre, en plein jour, avec une corde, sur une escarpolette, du haut de la terrasse formée au-dessus d'un bastion. Quelques-uns de ses amis devoient l'attendre au bas avec des chevaux tout prêts, et le mener à toute bride à travers le faubourg, à quatre ou cinq lieues au-dessus de Nantes, à un rendez-vous sur la Loire, où ils trouveroient des bateaux pour passer le fleuve, et de l'autre côté des chevaux frais pour gagner différens relais disposés d'espace en espace chez des gentilshommes, afin de se rendre à Paris en toute diligence. L'abbé Rousseau, frère de l'intendant du cardinal, homme robuste et intelligent, se chargea de diriger la partie la plus difficile de l'évasion. Il fit provision de cordes et se munit d'un fort morceau de bois, nommé palonnier, où venoient aboutir les traits des chevaux de carrosse destinés à être attachés à l'extrémité de la corde ; c'étoit sur le palonnier que le cardinal devoit être assis ; une sangle avec un bon ardillon devoit l'assujétir à la corde par le milieu du corps, crainte d'accident.

Tout étant disposé, on fixa le jour de

l'exécution au 8 août 1654, à cinq heures du soir ; c'étoit l'instant où le cardinal avoit coutume de se promener sur la terrasse. L'abbé Rousseau, qui s'étoit chargé de le descendre, se rendit au château avec la corde, la sangle et la pièce de bois, enveloppées dans son manteau, de manière à ne point être remarqué ; et afin qu'il ne manquât ni de conseil ni de secours, on lui donna pour adjoint le médecin Vacherot, de la faculté de Paris, attaché depuis long-temps à la personne du cardinal de Retz, homme résolu, de sang-froid, et capable de tempérer, par sa prudence, la vivacité de l'abbé Rousseau. Il fut aussi arrêté que Fromentin et Imbert, l'un chirurgien et l'autre valet-de-chambre du cardinal, qui avoient coutume de le suivre à la promenade, contribueroient à faciliter l'évasion de leur maître ; ils se munirent en conséquence de quelques bouteilles de vin pour faire boire les deux sentinelles postées de manière à pouvoir découvrir ce qui se passoit à l'endroit par où le cardinal devoit se sauver.

Toutes ces mesures ayant été mûrement adoptées, le cardinal de Retz se rendit sur la terrasse à l'heure convenue, suivi du médecin Vacherot et de l'abbé Rousseau; ce dernier portoit, sous sa soutane, toutes les choses nécessaires : Imbert et Fromentin suivirent aussi le cardinal. Arrivés au lieu choisi pour l'évasion, le coadjuteur feignit d'avoir soif, et dit à Imbert de lui aller chercher à boire; ce que celui-ci fit en diligence. Après que le cardinal eut bu, les deux fidèles domestiques dirent aux gardes qu'il falloit vider la bouteille à la santé de son éminence ; et ils les attirèrent derrière une tour, où ils se mirent à boire. Cependant le cardinal ayant quitté sa simarre rouge, la posa sur un bâton entre deux créneaux, de manière à faire croire aux sentinelles, quand elles seroient retournées à leurs factions, qu'il regardoit à son ordinaire ceux qui se promenoient en dehors. S'étant ensuite placé sur l'escarpolette, et fait lier à la corde avec la sangle, qui le prenoit en écharpe depuis l'épaule droite jusqu'à son épaule gauche, assujétissant la corde le long de l'estomac, il monta de la sorte sur un créneau, d'où l'abbé Rousseau et Vacherot le descendirent heureusement jusqu'au bas du mur, qui avoit quarante pieds d'élévation. Ceux qui l'attendoient en cet endroit se hâtèrent de le débarrasser de ses liens, et de le monter à cheval. Mais le cardinal étoit tellement troublé, qu'il ne tenoit même pas la bride de son cheval qui étoit très-vigoureux ; l'animal se cabra et abattit le cardinal sur le pavé ; il eut une épaule démise. Cet accident obligea ceux qui l'accompagnoient de mettre pied à terre pour le remonter. Comme beaucoup de monde s'assembloit, deux des hommes de l'escorte mirent le pistolet à la main ; mais cette précaution étoit fort inutile, car les habitans étoient plutôt disposés à faciliter l'évasion qu'à s'y opposer ; ils lui crièrent : « Dieu vous bénisse, monsei-

» gneur! sauvez-vous. » Ainsi le cardinal fut remis à cheval assez promptement, mais sans revenir de son trouble; près de s'évanouir à chaque instant, il ne parvenoit à conserver ses esprits, qu'en se tirant de temps en temps les cheveux de toute sa force. Il ne fut pas même possible de lui faire prononcer une seule parole pendant les quatre premières lieues, quoique tous ceux de sa suite s'efforçassent de le mettre de bonne humeur. Il ne commença d'ouvrir la bouche que quand il se vit dans le bateau, où le duc de Brissac et le chevalier de Sévigni l'attendoient, après avoir donné des ordres pour arrêter tous les bateaux, et tous ceux qui voudroient les poursuivre. On continua de courir pendant deux lieues sur des chevaux frais, sans que le cardinal se fût plaint de la moindre souffrance; mais on fut étonné de l'entendre tout-à-coup pousser des cris aigus, en disant qu'il éprouvoit de si cruelles douleurs, qu'il lui étoit impossible d'aller plus loin; qu'il aimoit mieux se laisser reprendre, que de courir davantage. Il fallut le descendre de cheval à neuf heures du soir, et le coucher dans une pièce de terre à côté du grand chemin, où le duc de Brissac le quitta pour aller assembler une escorte considérable. Le chevalier de Sévigni alla chez un gentilhomme de ses parens, qui demeuroit tout proche, pour ménager au cardinal une retraite pendant la nuit; mais on lui refusa l'hospitalité qu'il demandoit; il ne put obtenir qu'une chaise à bras, avec une douzaine de paysans pour porter le cardinal pendant la nuit jusqu'à Beaupréau, maison du duc de Brissac. Ce seigneur étoit occupé, dans la maison d'un gentilhomme de ses voisins, à donner les ordres nécessaires pour assembler ses amis. La duchesse son épouse, afin de mettre la personne du cardinal en sûreté, l'engagea de monter à l'instant en carrosse pour aller à deux lieues de là, se réfugier chez M. de Lapoise, dont la maison étoit entourée de bons fossés pleins d'eau. Le prélat y arriva

sur

sur les huit heures du matin. Il avoit passé quelques heures au lit, lorsque le concierge vint l'avertir qu'il paroissoit aux environs des cavaliers et des gardes du maréchal de la Meilleraie. Le cardinal effrayé, le pressa de lui indiquer un lieu où il pût se dérober à leurs recherches, lui et un serviteur zélé qui ne le quittoit point (1). Le concierge les ayant conduits dans son logement, les fit descendre au bas d'une tour par une trape qui ne paroissoit point, étant couverte d'un grand coffre. Ils s'y établirent avec une petite provision de pain et de vin. Le lieu étoit très-incommode, et on y enfonçoit jusqu'à

---

(1) Ce serviteur zélé étoit Gui Joly, conseiller du roi au Châtelet, dont nous avons des mémoires estimés, en deux volumes, auxquels Voltaire ne rend point justice, en disant qu'ils sont à ceux du cardinal, ce que le domestique est au maître. Il y a dans les mémoires de Joly, des récits supérieurs à ceux du cardinal de Retz, et beaucoup plus de faits curieux.

Tome II.

mi-jambe dans l'eau et dans la terre détrempée. Pour remédier à cet inconvénient, on descendit quelques chaises de paille, sur lesquelles le cardinal et son compagnon furent obligés de passer près de neuf heures consécutives fort désagréablement, en attendant le retour du maître de la maison, qui ne revint qu'après dix heures du soir, pour exhorter le cardinal à prendre encore un peu de patience, jusqu'à ce que le duc de Brissac eût assemblé une escorte suffisante.

Le prélat qui s'ennuyoit dans cette espèce de cachot, ne voulut pas y demeurer davantage, et se fit donner des chevaux pour retourner à Beaupreau, vers les onze heures du soir. Mais à peine avoit-il fait une lieue, qu'il se mit à pousser de si grands cris, qu'il fallut le coucher à terre, et chercher dans le voisinage quelque voiture pour achever la route qu'il lui restoit à faire. N'ayant pu en trouver aucune qui fût convenable, on vint proposer au cardinal de se traîner comme il pourroit dans une ferme voisine, où il lui seroit facile de demeurer caché jusqu'au soir, dans un tas de foin qui étoit dans la cour. Il n'y avoit pas d'autre parti à prendre, et l'éminence se soumit. On se rendit donc à la ferme ; on y pratiqua une petite loge dans le tas de foin, où le cardinal s'enferma avec celui qui l'accompagnoit. On leur donna du pain, du vin et de la viande salée : ils demeurèrent dans cet étrange réduit depuis huit heures du matin jusqu'à cinq heures du soir. Dès que le fermier voyoit passer des cavaliers, il accouroit, et ses avis inspiroient les plus vives alarmes. Il en entra même quelques-uns dans la cour, qui firent plusieurs questions propres à causer de l'inquiétude, et qui n'étoient peut-être qu'un jeu pour obliger le cardinal à ne point sortir de son asile. Enfin à l'entrée de la nuit, le maître de la ferme revint avec plusieurs chevaux tirer le cardinal de Retz de sa singulière prison. S'étant mis en croupe derrière un gentilhomme, sur l'épaule duquel il appuyoit son bras blessé, il arriva heureusement à Beaupreau, où il trouva le duc de Brissac avec plus de trois cents gentilshommes. Le cardinal monta dans un bon carrosse garni de deux matelas : il s'y coucha fort à son aise, après avoir pris un restaurant. Le duc de Brissac se mit à la tête de toute l'escorte ; les pages et les domestiques avoient des flambeaux allumés pour éclairer la marche, et le duc eut la précaution de faire porter du vin, pour en servir à ceux qui en auroient besoin. On arriva à la pointe du jour à un bourg nommé Montaigu, où l'on trouva le duc de Retz, frère du cardinal, avec sept à huit cents chevaux ; de sorte que les deux troupes étant jointes ensemble, il y avoit plus de douze cents hommes à cheval, tant maîtres que valets, la plupart des gentilshommes de la province s'étant offerts avec empressement. On trouva aussi à Montaigu, et sur toute la route, les paysans sous les armes. Ils arrivèrent à Machecoul le 11 août sur les cinq heures du soir : toute cette noblesse y fut traitée magnifiquement pendant le séjour qu'y fit le cardinal de Retz.

La première chose que l'on fit en arrivant dans cette ville, fut de panser son bras malade; et l'on connut alors qu'il ne se plaignoit pas sans sujet : le bras, depuis l'épaule jusqu'au coude, étoit noir comme de l'encre. Un vieux chirurgien du duc de Retz, fort considéré dans la maison, ne s'aperçut point que l'épaule étoit démise : ce qui fut cause que le traitement n'ayant point été fait d'une manière convenable, le cardinal ressentit de très-vives douleurs, et demeura estropié pour toute sa vie.

La seconde chose à laquelle on s'appliqua, fut la révocation de la démission de l'archevêché de Paris. L'acte en fut dressé en bonne forme par les notaires de Machecoul, et envoyé à Paris, au chapitre de Notre-Dame, en toute diligence.

Il fut ensuite question de chercher au cardinal, un autre asile que la ville de Machecoul, parce qu'on eut avis que le maréchal de la Meilleraie faisoit venir des troupes par ordre de la cour, et que le duc de Retz ne pouvoit garder, ni entretenir long-temps chez lui le nombre prodigieux de noblesse qui s'y étoit rassemblée. Belle-île, appartenant alors au duc de Retz, fut choisi comme le lieu le plus sûr. Brissac, le chevalier de Sévigni, deux des principaux domestiques du cardinal, et trente ou quarante gentilshommes, s'embarquèrent en grand secret, avec le prélat, sur quatre petits bâtimens, de peur que le maréchal en étant informé, n'envoyât contre eux des vaisseaux d'une force supérieure.

Le premier jour de l'embarquement se passa sans trouble, et la petite flotte arriva sans accident au port de Croisic, à la réserve d'une des chaloupes, qui demeura derrière faute de vent. Mais ayant été obligée de mouiller la nuit, elle eut une alerte occasionnée par plusieurs bâtimens légers, qui la vinrent reconnoître; toute la côte étant alors gardée, à cause de la guerre contre l'Espagne, et de quelques vaisseaux de cette puissance qui étoient à la vue des côtes. L'alarme fut beaucoup plus vive le lendemain matin, lorsque des barques des vaisseaux ennemis s'avancèrent sur la petite flotte du cardinal, et la forcèrent de regagner la côte. Le cardinal se réfugia dans les ruines d'une vieille église, se cachant au milieu d'un monceau d'ardoises, de peur d'être découvert par les gens du pays. Il y resta dans une position très-gênante, depuis midi jusqu'à huit heures du soir. Enfin le passage étant devenu libre, ils arrivèrent heureusement à Belle-Ile, le 27 août. Après y avoir séjourné quelque temps, le cardinal et ses amis craignirent d'y être assiégés. Ils en partirent sur une petite barque, déguisés en soldats, ainsi que le cardinal lui-même, qui n'emportoit ni or ni argent; mais la barque étoit chargée de sardines, que l'on vendit au profit du cardinal fugitif. Ils firent un trajet au moins de quatre-vingts lieues, pour aller débarquer à Saint-Sebastien, sur les côtes d'Espagne, et ils furent poursuivis pendant long-temps par un vaisseau armé, que les gens de l'équipage reconnurent pour un corsaire de Salé en Barbarie.

Ils ne furent pas plus tôt échappés à ce péril, qu'ils tombèrent dans un autre. Arrivés à Saint-Sébastien, on leur demanda leur *charte-partie*, ou passe-port, pièce si nécessaire alors aux marins, que tous ceux qui naviguoient sans l'avoir étoient dans le cas d'être pendus, sans autre forme de procès. Le patron de la barque s'étoit imaginé que le cardinal de Retz n'en auroit pas besoin. Mais les gardes du port les voyant couverts de méchans habits, leur dirent qu'ils avoient bien la mine d'être pendus le lendemain matin. Heureusement que le baron de Vatteville, commandant pour le roi d'Espagne dans le Guipuscoa, et à qui le cardinal avoit écrit, vint le chercher lui-même dans son hôtellerie.

Le roi d'Espagne et don Louis de Haro,

son premier ministre, lui firent offrir tout ce qu'il pourroit desirer; mais il n'accepta qu'une galère pour le passer en Italie. Il se rendit à Rome, après avoir manqué de périr sur mer. Le pape Innocent X étant mort le 7 janvier 1655, le cardinal de Retz assista au conclave, où il resta renfermé près de trois mois, jusqu'à la nomination d'Alexandre VII.

Las de voyager déguisé en laïque, et de parcourir en aventurier l'Allemagne, la Hollande, etc., le cardinal de Retz traita avec la cour, en se démettant tout-à-fait de son archevêché de Paris. Lorsqu'ensuite il quitta le monde pour vivre dans la retraite, son premier soin fut d'acquitter les dettes immenses qu'il avoit contractées : il vendit généreusement ses deux souverainetés, et ne se réservant que vingt mille livres de rente, il abandonna à ses créanciers tout le reste de ses revenus. Il parvint à acquitter pour onze cent dix mille écus de dettes; il se trouva encore en état de créer des pensions pour ceux de ses amis qui en avoient besoin. Il termina sa carrière à Paris, le 24 du mois d'août 1679, âgé de soixante-cinq ans, et son corps fut porté dans l'abbaye de Saint-Denis, dont il a été le dernier abbé. Il fut inhumé dans la grande église, devant le chœur, vis-à-le tombeau de François Ier. Son cœur fut déposé dans l'église du Calvaire du Marais, à la prière de Marie-Catherine de Gondi, sa nièce, qui étoit générale de cet ordre.

CHAPITRE XXIV.

Détention à Vincennes du surintendant des finances Fouquet.—Détention de Pierre Talon, trésorier de l'extraordinaire des guerres.—Du duc de Lauzun, capitaine des gardes-du-corps, et général des dragons.— De Lesage, prétendu physicien et chimiste.—De l'abbé Etienne Guibourg, aumônier du comte de Montgomeri.—De la Serre, pharmacien.—De Jean Cardel.—De Suart, médecin chimiste, et du prieur Lemière.

La détention des prisonniers du donjon de Vincennes, dont il sera fait mention dans ce chapitre, ne fut point l'ouvrage de la politique de Mazarin, qui ne priva de la liberté que les prévenus de crimes d'état, ou ceux dont il redoutoit la trop grande puissance. Nous sommes parvenus au règne de Louis XIV, qui abandonna à ses ministres le droit d'attenter à la liberté des citoyens; aussi chacun d'eux en abusa-t-il sans scrupule. Des délits, vrais ou prétendus, concernant les finances, la guerre, la politique, l'intérêt des cours, la police intérieure et la religion, et plus encore les disputes théologiques, le jansénisme, etc., etc., etc., entraînèrent un nombre prodigieux de victimes dans les châteaux forts, les prisons d'état. A cette époque, les confesseurs et les maîtresses du monarque commencèrent à user de ce privilége abusif et terrible.

Louis XIV n'eut pas plus tôt pris seul les rênes de son empire, qu'il priva de la liberté le fameux Fouquet, surintendant des finances. On sait que ce coup d'état lui fut inspiré par l'intérêt et l'ambition de Colbert, qui gouverna depuis les finances, sous le titre de contrôleur-général.

Nicolas Fouquet, marquis de Belle-Isle, surintendant des finances, procureur-général du parlement de Paris, etc., avoit beaucoup de facilité pour les affaires, et encore plus de négligence.

Il naquit en 1615, d'un conseiller-d'état, et de Marie de Maupeou, dame d'une piété éminente. Il épousa une femme qui lui apporta de la fortune; il acheta, à vingt ans, une charge de maître des requêtes, et à trente-cinq celle de procureur-général du parlement de Paris, pendant la guerre civile de 1650, espérant, par cet emploi considérable, se rendre plus important à la cour; ce qui arriva en effet. Jaloux d'être à la tête des finances, il eut l'ambition de s'en charger dans un temps où elles étoient dissipées par le désordre des guerres civiles; et il en augmenta la déprédation. Il dépensa près de trente-six millions d'aujourd'hui à faire bâtir sa superbe maison de Vaux (1).

___

(1) Environ à neuf lieues de Paris. On appeloit autrefois ce superbe château Vaux-le-Vicomte: il devint par la suite chef-lieu d'un duché pairie. Les jardins sont de le Nostre, dont ils commencèrent la répu-

Tant qu'il fut surintendant, il vit rarement deux millions dans le trésor royal. Sans perdre un moment de ses plaisirs, il prétendoit diriger seul toutes les branches de l'administration, et devenir principal ministre à la place du cardinal Mazarin. Le plus souvent il feignoit de travailler seul dans son cabinet à Saint-Mandé, village près de Vincennes; et pendant que toute la cour, prévenue de sa future élévation, étoit dans son antichambre, louant à haute-voix le travail infatigable de ce grand ministre, il descendoit par un escalier dérobé dans un petit jardin, où des beautés douces et complaisantes lui

---

tation. Le fameux le Brun a décoré les appartemens de plusieurs excellentes peintures. On voit dans une frise, un écureuil, trois lézards à ses côtés, armes de le Tellier, et un serpent, qui étoit celles de Colbert, avec ces mots: *Quò me vertam nescio* (je ne sais de quel côté me tourner); emblême imaginé par le peintre, douze ans après la disgrace de Fouquet, et qui fait allusion aux deux puissans ennemis du surintendant.

venoient tenir compagnie au poids de l'or. Les autres ministres furent offensés de ses airs de supériorité : ils se liguèrent contre lui, et le firent bientôt donner dans le piége, en l'engageant de vendre sa charge de procureur-général du parlement, pour en porter l'argent à l'épargne, afin, lui disoient-ils, de faire sa cour à Louis XIV. Si Fouquet eût conservé cette charge, on n'auroit pu le condamner arbitrairement; il auroit fallu que le Parlement lui eût fait son procès dans les formes; et c'est ce qu'on vouloit éviter.

Le cardinal Mazarin avoit prévenu le roi contre le surintendant, et Colbert ne manqua pas de tout envenimer. Il est vrai que Fouquet avoit fait des dépenses excessives de toutes espèces : sa table étoit servie comme celle du roi; la plupart des grands seigneurs étoient à ses gages, en recevant de lui des pensions, ou lui empruntant de l'argent qu'ils ne lui rendoient jamais; il avoit des maîtresses, même parmi les femmes de la cour, et il les payoit avec une prodigalité inouie ; il fit naître à Boileau l'idée de ce vers :

Jamais surintendant n'a trouvé de cruelle.

Fouquet, dit l'abbé de Choisy, étoit le plus grand, le plus hardi des dissipateurs, ce qu'on nomme vulgairement un *bourreau d'argent*. Madame de Motteville tranche le mot, et dit, *un grand voleur*.

Son frère, l'abbé Fouquet, contribua aussi beaucoup à sa perte. Cet abbé, intrigant et audacieux, se mêloit de tout, brouilloit les familles, mettoit les hommes aux prises, diffamoit les femmes et les filles. Cependant on le ménageoit, même après en avoir été insulté, parce qu'il étoit homme d'esprit et de ressource en plus d'un genre. La duchesse de Châtillon ayant été chez lui, prendre des lettres qu'il ne vouloit pas lui rendre, il s'avisa d'aller chez elle à son tour, pendant son absence, y fit des perquisitions, bouleversa tout; et ne trouvant pas ce qu'il cherchoit, il cassa les glaces,
brisa

brisa les porcelaines, jeta les meubles par la fenêtre, au grand scandale de tout le voisinage; et il y eut un raccommodement malgré ce scancale! Qui auroit dit à l'amiral de Coligni : « La femme de votre
» petit-fils sera insultée par un abbé, nou-
» veau venu de Bretagne, et il n'en sera
» rien ! Il ne l'auroit pu croire. Un siècle
» amène bien des changemens à la cour
» comme ailleurs. »

Un jour l'abbé Fouquet, qui étoit brouillé avec son frère, ne put retenir sa fougue indiscrète, quoiqu'il fût dans l'antichambre du cardinal Mazarin. Là, ces deux frères se dirent publiquement tout ce que leurs ennemis les plus acharnés auroient pu leur reprocher. L'abbé, entre autres choses, dit à son frère qu'il avoit dépensé quinze millions à Vaux; qu'il donnoit plus de pensions que le roi; qu'il achetoit tous ceux qui vouloient se vendre, à quelque prix que ce fût, et qu'il avoit envoyé tantôt trois, tantôt quatre mille pistoles à des dames qu'il nomma tout haut. On s'étonna qu'il ne lui parla point des pertes énormes qu'il faisoit chaque jour au jeu. Le surintendant, piqué au vif, reprocha ironiquement à l'abbé ses dépenses excessives pour madame de Châtillon, sans obtenir d'elle aucune faveur. L'abbé, bouillant de colère, entra chez le cardinal, et lui conta en détail ce qui venoit de se passer. Cet éclaircissement ne dut pas donner au premier ministre une idée bien avantageuse du dépositaire des trésors du royaume; et il étoit de son devoir, avant de mourir, de signaler cet homme au roi.

Louis XIV se conduisit d'abord à l'égard de Fouquet, avec beaucoup de sagesse et de bonté ; il lui fit entendre qu'il n'ignoroit pas la conduite qu'il osoit tenir: mais je l'oublie, dit-il, et je continuerai à me servir de vous, pourvu que vous vous comportiez fidèlement. Je veux connoître l'état des finances de mon royaume, comme le point le plus important du gouvernement. Il n'y a que vous qui puissiez m'en instruire; je vous conjure de le faire sans déguisement ; il finit en lui insinuant qu'il seroit difficile de lui en imposer, et que s'il le faisoit, il s'en repentiroit.

Le jeune monarque, justement défiant, communiquoit chaque soir à Colbert les états qu'il avoit reçus du surintendant. Colbert lui en montroit les vices, et lui en expliquoit la perfide adresse ; il lui faisoit voir que par-tout la dépense étoit exagérée, et la recette diminuée, afin de se conserver les moyens de continuer ses profusions. Le lendemain le roi faisoit au surintendant des observations, tant pour montrer à Fouquet qu'il ne perdoit pas son objet de vue, que pour essayer si, à force de tentatives, il ne l'amèneroit pas à être sincère ; et toujours il le trouvoit fidèle à son plan de déguisement.

Colbert se flattoit de succéder à Fouquet dans sa place de chef des finances : on prétend même qu'il parut être son ami, pour l'engager à vendre sa charge de procureur-général du parlement, de peur qu'elle ne fût un obstacle au parti déjà pris de le faire juger par une commission. Les déprédations de Fouquet, les alarmes que donnoient les fortifications de Belle-Isle, et l'idée qu'on insinua au roi qu'il vouloit se faire duc de Bretagne et des îles adjacentes, et qu'il cherchoit à gagner des partisans par ses profusions; les tentatives qu'il avoit faites sur le cœur de madame de la Vallière; tout servit à irriter Louis XIV contre son ministre. Le 20 août 1661, Fouquet donna à ce prince et à la reine sa mère, une fête magnifique dans sa maison de Vaux, aujourd'hui appelée Villars. On y joua les *Fâcheuses* de Molière. Pellisson composa le prologue en vers à la louange du roi. Ce prologue plut beaucoup à Louis XIV, qui n'en fut pas néanmoins plus favorablement disposé, et pour l'auteur et pour celui qui donnoit la fête; on vouloit même le faire arrêter avant qu'elle fût finie : triste exemple de l'instabilité des fortunes de cour! Louis XIV vit avec peine que Vaux étoit supérieur en beauté à Saint-Germain et à Fontainebleau. Les ennemis de Fouquet lui firent remarquer les armes du maître de la maison : c'étoit un écureuil avec ces paroles : *Quò non ascendam !* « Où ne monterai-je point ? » L'écureuil étoit peint presque par-tout, poursuivi par une couleuvre, qui étoit les armes de Colbert. Louis XIV sentit tout ce que disoit la devise de Fouquet : il crut néanmoins devoir dissimuler encore quelque temps.

Il ne tint pas à la reine-mère que le malheur de Fouquet ne fût qu'une disgrace ordinaire. Elle conservoit un fonds de bonté pour le surintendant, par reconnoissance des services qu'il lui avoit rendus étant procureur-général, à la fin de la Fronde, en restreignant les prétentions des chefs, et les forçant de se contenter des offres de la cour. Ceux-ci, par vengeance, se réunirent contre lui, quand ils le virent sur le penchant de sa ruine. Dans un voyage qu'Anne d'Autriche fit à

Dampierre, chez la duchesse de Chevreuse, elle se trouva tellement accablée de sollicitations contre le surintendant, qu'elle l'abandonna à son malheureux sort. Sa perte fut résolue; il ne fut plus question que des moyens.

On décida qu'on attireroit avec adresse le surintendant à Nantes. En conséquence on fit filer des troupes en Bretagne, à cause que Fouquet avoit fortifié Belle-Isle, et qu'on craignoit qu'il n'eût dessein d'y attirer les Anglais, avant qu'il fût possible de s'en emparer. Pour masquer le but de la marche des troupes, on prit le prétexte de mouvemens séditieux dont on étoit menacé, à l'occasion d'un don gratuit que le roi demandoit. Louis XIV alla lui-même en Bretagne, et y attira Fouquet. Ce surintendant avoit la fièvre; mais il surmonta son mal, pour montrer au roi son crédit dans la province; persuadé qu'il en retireroit le double avantage d'effacer Colbert, et peut-être de le ruiner, en prouvant qu'il étoit plus nécessaire que lui. Les deux ministres allèrent ensemble par la Loire, dans des bateaux différens. Les courtisans les voyant voguer à l'envi, disoient : *L'un coulera l'autre à fond*; mais presque tous croyoient que le naufrage regardoit Colbert.

Arrivé à Nantes, qui étoit le but du voyage, le surintendant, soit hasard, soit précaution, se logea au bout de la ville, dans une maison fort éloignée du château. On sut depuis qu'il y avoit, dans cette maison, un conduit souterrain aboutissant à la Loire, et au bout une barque toute équipée, approvisionnée et pourvue de rameurs excellens, capables de franchir tous les obstacles, et de le rendre en peu de temps à Belle-Isle. Il avoit aussi sa poste particulière, c'est-à-dire, des courriers à peu de distance de la grande route, avec des relais disposés de manière que, sans pouvoir être vu ni prévenu, il auroit gagné tel lieu de sûreté qu'il lui eût plu de choisir. Cette poste lui servoit ordinairement pour les nouvelles ou rendez-vous de plaisirs qui demandoient célérité ou sûreté; et il la négligea dans la circonstance la plus importante de sa vie.

Sans doute il ne se croyoit pas si près de sa perte. Cependant, le 5 septembre 1661, en sortant du château, où s'étoit tenu le conseil, un ami l'assure positivement qu'il va être arrêté. Il quitte précipitamment sa voiture, se jette dans une autre, et déjà il se perdoit dans la foule, lorsque d'Artagnan, commandant des mousquestaires, qui en avoit l'ordre, le saisit au détour d'une rue; il le fait monter dans un carrosse, et le mène, sans s'arrêter ni jour ni nuit, au château d'Angers. Sa femme et ses enfans sont conduits à Limoges, et on expédie des courriers avec des ordres pour faire mettre le scellé dans toutes ses maisons. Un de ses gens, présent à son enlèvement, va joindre, à deux lieues, un des relais particuliers dont nous avons parlé, et fait si grande diligence, qu'il en porte la nouvelle à ses amis, douze heures avant le courrier expédié à la reine-mère. On auroit pu, pendant cet intervalle, soustraire bien des papiers, sur-tout dans sa maison de Saint-Mandé, où étoient les plus intéressans.

— L'abbé Fouquet, homme violent et expéditif, vouloit que, sans s'amuser à les trier, on mît le feu à la maison, et qu'on anéantît bons et mauvais, jusqu'au moindre brouillon. Il fallut qu'une personne qui avoit de l'empire sur son esprit, s'opposât à ce dessein incendiaire.

Le procès de Fouquet dura plus de trois ans. Dans l'intervalle, il fut successivement transféré du château d'Angers à Amboise, où il demeura jusqu'au jour de Noël; ensuite à Vincennes, à Moret, à la Bastille, et enfin à Pignerol.

D'Artagnan suivit son prisonnier dans ces diverses translations, et ne le perdit jamais de vue. Il avoit avec lui vingt-cinq ou trente mousquetaires qui montoient tous les jours la garde à Vincennes, à la Bastille, etc., partagés par tiers, dont l'un sur les tours, l'autre sur l'arche du grand pont situé vis-à-vis la fenêtre de la chambre de Fouquet, et l'autre dans le jardin dont on avoit fait un bastion. D'Artagnan couchoit dans la chambre du prisonnier, ainsi que deux mousquetaires, et ne le quittoit ni jour ni nuit.

Pellisson, homme de lettres, premier commis du surintendant et son ami particulier, fut aussi arrêté et conduit à la Bastille. Tandis qu'il étoit dans cette forteresse, le savant Lefèvre, père de la célèbre madame Dacier, eut le courage de lui dédier un livre. Pellisson lui-même, du fond de sa prison, trouva moyen de faire percer dans le public des apologies si bien écrites, si sages, si touchantes, qu'elles firent revenir beaucoup de personnes en faveur de Fouquet. On se douta qu'il étoit l'auteur de ces différentes pièces, et on le resserra plus étroitement. Il trouva cependant moyen de rendre un service essentiel à son bienfaiteur : il savoit quelques secrets dangereux, renfermés dans ses papiers, dont il avoit eu connoissance. Il appréhenda que le surintendant, interrogé sur ses secrets, et ignorant que les papiers qui les contenoient avoient été détruits, ne fît des aveux qui auroient pu lui être préjudiciables. Dans cet embarras, il imagina de révéler lui-même aux juges quelque chose des secrets de Fouquet. Comme il ne se montroit qu'imparfaitement instruit, les juges ne purent, d'après lui, faire à l'accusé que des questions incertaines, qui le firent résoudre à nier les faits qu'on lui opposoit. La procédure sur cet article fut portée jusqu'à la confrontation : c'est ce que Pellisson desiroit. Il paroît devant Fouquet, et répète ce qu'il avoit avancé. Le surintendant, consterné de l'infidélité de son ami, hésitoit ; mais Pellisson, reprenant la parole d'un ton ferme et élevé : « Vous ne nieriez pas si » hardiment, lui dit-il, si vous ne saviez » pas que ces papiers ont été brûlés. » Ce fut un trait de lumière pour le malheureux Fouquet, qui, par l'ingénieuse adresse de Pellisson, évita de faire un aveu qui auroit pu le perdre.

Outre Pellisson, plusieurs personnes furent encore arrêtées en même temps que le surintendant, et renfermées à la Bastille; entr'autres Edmond Coquier, ci-devant domestique de Fouquet. Cet homme tenoit une imprimerie clandestine, rue de Sèves, où l'on imprimoit, pour la défense du surintendant, un livre intitulé: *Réponse à la réplique du chevalier Talon.*

On mit aussi à la Bastille, pour la même affaire, Robert Hoyau, marchand orfévre, suspect d'intelligence avec Fouquet, lorsqu'on instruisoit son procès.

Dès que Fouquet, du comble de la faveur et des prospérités, fut tombé dans le malheur, presque tout le monde l'abandonna. On trouva, dans ses papiers, une longue liste de ceux sur qui il croyoit pouvoir compter; la moitié de la cour y étoit nommée, et néanmoins pas un seul courtisan, excepté Gourville, ne se fit ni son avocat ni son intercesseur. Il n'y eut guère que des gens de lettres qui lui montrèrent de l'attachement et de la reconnoissance.

Mademoiselle de Scudéri, Brébeuf, Corneille, Racine, La Fontaine, ne cessèrent jamais de lui donner des preuves du plus tendre intérêt, ce qui les honora autant et même plus que leurs talens. Pellisson composa, pour cet illustre et imprudent proscrit, trois mémoires qui sont des chefs-d'œuvre de logique et d'éloquence.

Lorsque Fouquet eut été transféré au donjon de Vincennes, il y fut sévèrement interrogé. Le roi établit en même temps dans le château, une chambre de justice, pour rechercher les fortunes mal acquises des financiers. Elle fut d'abord présidée par le chancelier Seguier, et ensuite par Lamoignon, premier président du parlement de Paris. Cette chambre étoit composée de maîtres des requêtes, de conseillers tirés du parlement, du grand-conseil, de la chambre des comptes, de la cour des aides de Paris, et de quelques parlemens des provinces : Denis Talon, avocat-général au parlement de Paris, fit les fonctions de procureur-général.

Le roi étant allé à Fontainebleau, on transfera la chambre de justice à Moret, où fut aussi transféré le surintendant. Après le voyage, on le mena à la Bastille, et la chambre se rassembla à l'Arsenal.

Avant cette translation, quelques-uns des juges étant venus au donjon de Vincennes pour interroger Fouquet, il protesta qu'il ne pouvoit point connoître la commission, attendu qu'il devoit jouir du privilége d'un ancien membre du parlement de Paris; et il demanda qu'on lui permît de se pourvoir devant ses juges. Mais, au bout de quelques jours, il fut obligé de répondre. Son interrogatoire dura plusieurs mois.

On lui donna un confesseur; mais ayant cessé de répondre à ses interrogatoires, on lui refusa la même faveur dans le mois d'août suivant.

Le 14 novembre 1664, Fouquet fut mené, pour la première fois, à la chambre de justice érigée dans l'Arsenal, pour être interrogé de nouveau. Il se mit d'abord sur la sellette, quoiqu'on eût préparé un siége à côté, où il eût pu s'asseoir, s'il l'eût desiré. Il fut à cette chambre onze ou douze fois jusqu'au 4 décembre de la même année.

Les conclusions des gens du roi allèrent à la mort ; ils opinèrent pour que Nicolas Fouquet, atteint et convaincu de péculat, de malversations dans les finances, etc., fût pendu et étranglé à une potence qui seroit dressée sur la place de la rue Saint-Antoine, près la Bastille. Mais les juges furent partagés d'opinions : les uns crurent que Fouquet méritoit la mort, d'autres la peine de la flétrissure; enfin, ils se réunirent, et par un arrêt du 20 décembre 1664, ils le condamnèrent à un bannissement perpétuel, avec confiscation de tous ses biens.

Les ministres furent très-mécontens d'un jugement qui laissoit vivre un coupable qu'ils redoutoient ; c'est ce qui donna lieu à une repartie énergique de Turenne. On blâmoit devant lui l'emportement de Colbert contre Fouquet, et on louoit la modération de Letellier : « Ef- » fectivement, dit-il, je crois que M. » Colbert a plus d'envie qu'il soit pen- » du, et que M. Letellier a plus de » peur qu'il ne le soit pas. »

Le roi servit la haine des ministres, qui lui représentèrent que la sûreté de l'état seroit compromise, si le surintendant restoit libre, parce qu'il porteroit chez l'étranger le secret des affaires les plus importantes. Louis commua la peine du bannissement en une prison perpétuelle ; et l'infortuné Fouquet fut condamné à traîner une vie déplorable dans la citadelle de Pignerol, sur les frontières du Piémont.

La charge de surintendant des finances fut alors supprimée pour toujours ; et Colbert qui fut mis à leur tête sous le titre de contrôleur-général, les administra avec une habileté et une probité qui lui ont fait une réputation immortelle, malgré les voies tortueuses qu'il employa pour y parvenir.

parvenir. Quelques auteurs prétendent que ce qui avoit le plus courroucé le roi contre Fouquet, c'étoit d'avoir voulu lui enlever le cœur de madame de la Vallière. Cette femme, fière des faveurs de Louis XIV, se plaignit d'un sujet assez insolent pour avoir voulu partager la conquête de son maître ; et le maître jaloux n'en put pardonner le desir. Ne pouvant se résoudre à laisser libre un homme qu'il haïssoit, qui avoit osé se déclarer son rival, il le condamna à languir toute sa vie dans une prison.

Le lundi 22 décembre, à dix heures du matin, on mena Fouquet à la chapelle de la Bastille. Le greffier de la commission, tenant à la main l'arrêt définitif, lui dit : « Monsieur, il faut me dire votre nom, » afin que je sache à qui je parle. — Vous » savez bien qui je suis, répondit Fouquet ; » et pour mon nom, je ne le dirai pas plus » ici, que je ne l'ai dit à la chambre ; et pour » continuer à suivre la même marche, je » fais mes protestations contre l'arrêt que

» vous m'allez lire. » On écrivit sa déclaration ; et ensuite le greffier s'étant couvert, lut à haute voix l'arrêt, que Fouquet écouta debout et tête nue.

A onze heures, il monta dans un carrosse avec quatre gardes. D'Artagnan étoit à cheval à la tête de cent mousquetaires, et le conduisit jusqu'à Pignerol, où il se sépara enfin de son prisonnier. Le gouverneur de Pignerol eut une augmentation de cinquante hommes pour garder l'important prisonnier d'état qu'on venoit de lui amener.

Fouquet fut mis dans le château, et séquestré seul dans une chambre, où il fut long-temps sans voir personne. Il supporta sa longue prison avec un courage et une résignation admirables, et y composa quelques ouvrages de morale.

Dans les commencemens de sa détention, le tonnerre tomba un jour, en plein midi, sur son appartement, en abattit une grande partie, et accabla sous les ruines plusieurs de ses compagnons d'infortune qui s'y trouvoient, le laissant presque seul sain et sauf dans l'embrasure d'une fenêtre ; ce qui fit dire à différentes personnes, que souvent ceux qui paroissent criminels devant les hommes, ne le sont pas devant Dieu.

On trouva, parmi ses papiers, une cassette remplie des lettres et des billets de ses maîtresses, ou des agens de ses plaisirs secrets. Nous allons rapporter ce qu'il y avoit de plus singulier dans cette correspondance.

Lettre de madame Fouquet, femme du frère du surintendant.

« Ne m'obligez point, je vous prie, de
» dire ce vilain mot de cocu d'un homme
» que vous m'avez donné : il suffit que
» vous ayez vaincu mes scrupules ; pour
» moi, je tourne encore les choses d'un
» autre biais, pour me satisfaire ; car je
» m'imagine qu'il ne t'est rien, parce
» que je ne l'ai jamais aimé ; de sorte que
» je vous promets d'agir dorénavant avec

» vous, comme je ferois avec un cousin
» au sixième degré ; mais je vous conjure
» de le mitonner un peu : il est jaloux et
» cocu comme mille. »

Billet de l'abbé de Bélébat.

« J'ai trouvé aujourd'hui votre fait. Je
» sais une fille belle, jolie et de bon lieu ;
» et j'espère que vous l'aurez pour trois
» cents pistoles. »

Lettre de madame Duplessis-Bélière.

« Je ne sais plus ce que je dis, ni ce
» que je fais, lorsqu'on résiste à vos in-
» tentions. Je ne puis sortir de colère,
» lorsque je songe que cette demoiselle de
» la Vallière a fait la capable avec moi.
» Pour captiver sa bienveillance, je l'ai
» encensée sur sa beauté, qui n'est pour-
» tant pas grande ; et lui ayant fait con-
» noître que vous empêcheriez qu'il ne
» lui manquât jamais de rien et que vous
» aviez vingt mille pistoles pour elle, elle

» se gendarma contre moi, disant que
» cinq cent mille n'étoient pas capables
» de lui faire faire un faux pas ; et elle
» me répéta cela avec tant de fierté que,
» quoique je n'aie rien oublié pour la ra-
» doucir avant que de me séparer d'elle,
» je crains fort qu'elle n'en parle au roi ;
» de sorte qu'il faudra prendre le devant.
» Pour cela, ne trouvez-vous pas à propos
» de dire, pour la prévenir, qu'elle vous
» a demandé de l'argent, et que vous lui en
» avez refusé? Il n'en faudra pas davan-
» tage pour la rendre suspecte à la reine-
» mère. La grosse femme Brancas, et de
» Grave, vous en rendront bon compte.
» Quand l'une la quitte, l'autre la reprend.
» Enfin, je ne sais point de différence
» entre vos intérêts et mon salut..... En
» vérité on est bien heureux de se mêler
» des affaires d'un homme comme vous ;
» votre mérite aplanit toutes les diffi-
» cultés ; et si le ciel vous faisoit justice,
» nous vous verrions un jour la couronne
» fermée. »

C'est ainsi que de vils adulateurs flattent bassement et de la manière la plus ridicule, les hommes en place. Fouquet, plus corrompu par les intrigans dont il s'entouroit, que par son propre cœur, appela la religion à son secours. Il lut pendant sa prison des livres de piété; on assure même qu'il en composa quelques-uns. C'est ainsi qu'il accomplit, en quelque sorte, le vœu de sa vertueuse mère, qui, en apprenant la détention de son fils, avoit fait taire la tendresse maternelle, et s'étoit écriée en se mettant à genoux : *C'est maintenant, ô mon Dieu, que j'espère de son salut!* Cet infortuné ministre mourut à Pignerol, au commencement de 1681. Il fut inhumé à Paris, le 28 mars, dans l'église du couvent des dames de Sainte-Marie, grande rue Saint-Antoine.

Une lettre de la célèbre Sévigné prouve l'erreur de ceux qui prétendent que Fouquet obtint son élargissement quelque temps avant sa mort. « Si j'étois de la famille » de M. Fouquet, dit-elle, je me garderois

» bien de faire voyager son pauvre corps,
» comme on dit qu'ils vont faire ; je le
» ferois enterrer là; il resteroit à Pignerol;
» et après dix-neuf ans, ce ne seroit pas
» de cette sorte que je voudrois le faire
» sortir de prison. »

Il est vrai que Gourville dit qu'il eut sa liberté; mais peut-être n'a-t-il voulu parler que de celle d'écrire; ou bien encore Fouquet a-t-il pu être libre un instant pour cause de maladie, et au moment peut-être de terminer sa carrière; de sorte que madame de Sévigné a pu l'ignorer, ou dire, par une façon de parler, qu'il étoit mort en prison.

Ces doutes et ces incertitudes se rencontrent rarement dans l'histoire des nombreux prisonniers dont il nous reste à parler.

Pierre Talon, trésorier provincial de l'extraordinaire des guerres au département de Picardie, Flandre et Artois, fut mis au donjon de Vincennes vers l'année 1669; il y resta jusqu'au mois de mai 1682.

qu'il fut transféré à la Bastille. On l'accusoit de malversations, infidélités, abus et double emploi dans ses comptes. Il étoit aussi soupçonné d'être complice d'une dame Ladouze-Lastoura, italienne, détenue à la Bastille à cette époque, et condamnée à mort le 27 septembre 1669, *pour avoir conspiré contre la France.*

Voici la teneur d'une lettre sans suscription, signée de cette dame, sur son arrêt fatal.

« Mon enfant, on vient de prononcer
» mon arrêt de mort, et je n'y trouve rien
» de fâcheux, que la crainte que j'ai qu'en
» mourant tu ne meures aussi par contre-
» coup; la mort m'est agréable, d'un côté,
» parce que je trouve l'occasion d'en faire
» un sacrifice à Dieu ; et elle me laisse de
» la douleur de l'autre, d'autant que je
» suis obligée d'abandonner la moitié de
» moi-même. Je n'ai plus de parole que
» pour te dire adieu de ma bouche, et suis
» bien malheureuse de ne pouvoir joindre
» la tienne. Baise ces derniers caractères,

» et ainsi tu baiseras la main qui t'écrit, et
» le cœur qui te parle. »

Sortons de ces idées lugubres, pour nous occuper d'un prisonnier qui joua long-temps, à la cour de Louis XIV, un rôle bien important. Le duc de Lauzun, détenu tour-à-tour à la Bastille, à Vincennes et à Pignerol, éprouva les caprices et les bizarreries de la fortune. C'étoit, dit Saint-Simon, un petit homme blondasse, bien fait dans sa taille, de physionomie haute et spirituelle, mais sans agrément dans le visage; plein d'ambition, de caprices et de fantaisies; envieux de tout, jamais content de rien, voulant toujours passer le but; sans instruction, sans aucun ornement dans l'esprit; naturellement chagrin, solitaire, sauvage; fort noble dans toutes ses manières; méchant par nature, encore plus par jalousie, toutefois bon ami quand il vouloit l'être, ce qui étoit rare; habile à saisir les défauts, à trouver et à donner des ridicules; moqueur impitoyable, heureux courtisan, fier jusqu'à l'insolence, et bas jusqu'au valetage; en un mot, le plus hardi, le plus adroit et le plus malin des hommes.

Péguilin, depuis duc de Lauzun, d'une bonne maison de Gascogne, riche comme avoient coutume de l'être les cadets de ce pays, débarqua de sa province chez le maréchal de Grammont, cousin-germain de son père, qui l'introduisit à la cour. Il s'y avança en peu de temps d'une manière étonnante : la place de capitaine des gardes-du-corps fut la moindre faveur qu'il obtint. Son ambition toujours active ne cessoit d'avoir les plus grandes prétentions. Il apprit que le duc de Mazarin vouloit se défaire de la charge de grand-maître de l'artillerie; il la demanda au roi, qui la lui promit, mais sous le secret, et lui fixa le jour du conseil des finances pour le déclarer. Lauzun laissa transpirer la nouvelle faveur qu'il alloit recevoir, et Louvois empêcha Louis de tenir sa parole. Désespéré de voir ses espérances trompées, Lauzun se procure une conversation particulière avec le roi, dont il étoit aimé, et somme audacieusement le monarque de tenir sa parole. Le roi répond qu'il en est dégagé, parce qu'il n'a promis la charge que sous le secret, auquel Lauzun a manqué. A ces mots, celui-ci s'éloigne de quelques pas, tourne le dos au roi, tire son épée, en casse la lame sous son pied, et jure que jamais il ne servira un prince capable de lui manquer si *vilainement* de parole. Le roi tenoit sa canne, il la jette par la fenêtre : « Je serois fâché, dit-il, d'en avoir » frappé un homme de qualité. » Et il sort. Lauzun sort aussi, crie comme un fou qu'il est perdu; et en effet il est arrêté le lendemain, et conduit à la Bastille.

Il fait d'abord mille extravagances, laisse croître sa barbe, tient des propos d'insensé. Ensuite, comme s'il fût revenu à lui-même, il s'accuse seul de son malheur, trouve que le roi s'est montré trop indulgent, ne regrette ni sa charge ni sa liberté, mais seulement la perte de ses bonnes graces. Ces discours rapportés au roi par Guitry, qu'il estimoit, le touchent. Il venoit de donner l'artillerie au comte de Lude, qui, pour la payer, avoit vendu sa charge de premier gentilhomme de la chambre au duc de Gêvres, capitaine des gardes. Celui-ci laissoit la sienne vacante. Le roi la fit offrir à Lauzun dans la Bastille. Le prisonnier, voyant ce subit et inespéré retour du roi, reprend assez d'audace pour espérer d'en tirer un meilleur parti, et refuse. Le monarque ne se rebute pas. Guitry va prêcher son ami à la Bastille, et obtient enfin à grande peine, qu'il aura la bonté d'accepter. Il passa subitement de la Bastille au premier poste de confiance, salua le roi, prêta serment (en 1669), et se trouva mieux que jamais établi à la cour, qu'il ne tarda pas à étonner par de nouvelles aventures encore plus extraordinaires.

Mademoiselle, fille de Gaston, duc d'Orléans, passionnément amoureuse de Lauzun, obtint du roi la permission de l'épouser. Elle commença par lui faire donation de quatre duchés : le comté d'Eu, la première pairie de France, et qui donnoit le premier rang ; le duché de Montpensier, celui de Chatelleraut et celui de Saint-Fargeau ; tout cela estimé vingt-deux millions. Le contrat fut dressé ensuite, et il y prit le nom de Montpensier.

Mais il perdit des momens précieux ; il employa imprudemment huit jours à faire ses préparatifs, pour avoir de belles livrées, un train superbe, des habits magnifiques, et paroître à la cérémonie avec l'éclat d'un prince. Ses ennemis, ses envieux eurent le temps d'agir auprès du roi, et de le faire changer de sentiment.

Lauzun, au désespoir, ayant acquis la certitude que madame de Montespan ne le servoit point auprès du roi, osa insulter cette impérieuse maîtresse. Un tel procédé, qui outrageoit en même temps la personne du monarque, lui attira une sévère punition. Lorsqu'il s'y attendoit le moins, Lauzun fut arrêté par le maréchal de Rochefort, capitaine des gardes en quartier, conduit d'abord à la Bastille, ensuite à Vincennes, selon quelques historiens, et de là dans la citadelle de Pignerol, où il fut enfermé *sous une basse voûte*. D'Artagnan, à la tête d'une compagnie de mousquetaires, le mena dans cette prison. Mademoiselle éclata en plaintes, mais ne put rien changer au triste sort de son amant.

Il supporta, pendant quelque temps, son infortune avec fermeté ; mais à la fin il tomba malade dangereusement, demanda un prêtre, et n'en voulut pas d'autre qu'un capucin. « Quand on me le pré-
» senta, raconte-t-il lui-même, je lui sau-
» tai à la barbe, et la lui tirai, pour voir
» si elle n'étoit pas postiche, et si ce n'é-
» toit pas un faux prêtre qu'on me pré-
» sentoit, afin de découvrir par lui mes
» secrets. »

Depuis environ sept ans le surintendant Fouquet étoit enfermé dans la même citadelle. Le génie des prisonniers est industrieux et inventif. Ceux de Pignerol nonseulement se parloient, mais se visitoient même par des trous artistement cachés. Lauzun et Fouquet desirèrent se voir. Le dernier sur-tout, qui n'avoit pas de communication au dehors, brûloit d'impatience d'entretenir un homme en état de lui apprendre ce qui s'étoit passé à la cour depuis sa captivité. Lauzun fut hissé chez Fouquet. Celui-ci de le questionner ; l'autre de lui conter sa fortune et ses malheurs. Le surintendant ne revenoit pas de sa surprise, quand ce Péguilin, ce cadet de Gascogne, qu'il avoit vu trop heureux d'être hébergé chez le maréchal de Grammont, lui assura qu'il avoit été général des dragons, capitaine des gardes, général d'armée. Il le crut fou, et qu'il lui racontoit des visions, quand il lui expliqua comment il avoit manqué la charge de grand-maître de l'artillerie, et ce qui s'étoit passé ensuite à cette occasion. Mais il ne douta plus de sa folie, lorsqu'il lui raconta son mariage presque conclu, et consenti par le roi, avec Mademoiselle, et tous les biens et dignités qu'elle lui avoit assurés; Fouquet en eut peur, et craignit de se trouver seul avec lui.

Quand la cour jugea à propos d'adoucir le sort du surintendant, qu'il eut permission de voir sa femme, et quelques personnes de Pignerol, une des premières choses qu'il leur dit, fut de plaindre ce malheureux Péguilin, qu'il avoit laissé à la cour sur un assez bon pied pour son âge, à qui l'esprit avoit tourné, et dont on cachoit la folie dans ce château. Mais quel fut son étonnement en acquérant la certitude de ce que lui avoit dit Lauzun! Peu s'en fallut qu'il ne les crût tous fous, et il eut bien de la peine à se laisser persuader.

Lauzun faillit se sauver de Pignerol; il avoit déjà fait un trou à sa cheminée, d'où il se glissa en dehors; il n'avoit plus qu'une porte à passer; la sentinelle d'un magasin, sans avoir aucun égard à ses prières ni à ses offres, l'arrêta; on le remit

mit dans la même chambre qu'il occupoit, et on prit de nouvelles précautions pour le garder. Il eut par la suite la permission d'aller prendre les eaux de Bourbon, d'où il fut transféré dans la citadelle de Châlons-sur-Saône. Il retourna aux eaux de Bourbon; après quoi il eut pour prison la ville d'Amboise, et on lui ôta les mousquetaires qui n'avoient cessé de le garder pendant qu'il prenoit les eaux. Pour lui obtenir la liberté de revenir à Paris, Mademoiselle, toujours éprise d'une belle passion, que l'âge auroit dû éteindre, donna au duc du Maine, fils naturel de Louis XIV et de madame de Montespan, le comté et pairie d'Eu et la principauté de Dombes. Cette princesse épousa Lauzun en secret, et lui abandonna en toute propriété le duché de St.-Fargeau et la ville et baronnie de Thiers en Auvergne, une des plus belles terres de cette province, en outre dix mille livres de rente sur les gabelles du Languedoc. Croiroit-on que Lauzun, au lieu d'être satisfait, se plaignit que Mademoiselle lui avoit donné si peu, qu'il avoit eu peine à l'accepter.

A la mort de Mademoiselle, il y avoit long-temps que les deux époux ne se voyoient plus. Lauzun s'étoit permis de lui faire des infidélités ; la princesse l'avoit trouvé mauvais, et s'emportoit souvent jusqu'à le marquer avec ses ongles. Des scènes pareilles, et même plus fortes, se renouvelèrent : las d'être battu, Lauzun traita à son tour la princesse avec brutalité. Un jour qu'il venoit de la chasse, il lui dit : « Petite-fille de Henri IV, tirez-moi mes bottes. » Ils s'ennuyèrent des réconciliations, et enfin se séparèrent pour toujours.

Sur le retour de l'âge, Lauzun épousa mademoiselle Delorge, jeune et belle personne, à peine âgée de seize ans : il jouit d'une longue vie, de l'agrément de tenir une des plus magnifiques maisons de la cour, la meilleure table matin et soir, à la ville et à la campagne, et il conserva même auprès du roi une sorte d'intimité.

Il se plaisoit à faire des espiégleries. Etant malade et presque à l'extrémité, il aperçut au moyen d'une glace qui étoit au pied de son lit, ses héritiers qui se cachoient derrière le rideau, parce qu'il leur avoit mandé qu'il ne se soucioit pas de les voir. Se doutant du motif qui les amenoit, le moribond se met à faire tout haut une prière à Dieu, comme s'il se croyoit seul : « Seigneur, disoit-il, pardonnez-
» moi mes péchés. Je vais mourir, je vais
» paroître devant vous. A ce moment je
» sens toute l'horreur d'une vie passée
» dans le désordre ; mais si vous ne m'ac-
» cordez pas le temps d'en faire péni-
» tence, recevez les pauvres pour mes in-
» tercesseurs auprès de vous. Je leur donne
» tous mes biens sans réserve. Les hôpi-
» taux seront mes seuls héritiers. Trop
» heureux que vous m'ayez laissé cette
» ressource, que j'embrasse de tout mon
» cœur. » Et pour leur donner la peur, il envoie chercher les notaires, dicte réellement son testament, ainsi qu'il venoit de

le promettre, mais ne le signe pas. Sa santé, qui se rétablit, lui permit de rire à son aise de cette comédie.

Lauzun avoit une santé de fer, avec tous les dehors d'un tempérament très-délicat. Peu avant sa dernière maladie, à quatre-vingt-neuf ans, il montoit encore des chevaux fougueux. La maladie qui termina ses jours fut horrible et cruelle: c'étoit un cancer à la bouche. Il la souffrit avec une patience admirable, sans plainte, sans humeur. Il se confina dans un appartement qu'il s'étoit pratiqué chez les Petits-Augustins : il y passoit les jours en lectures édifiantes, en pieux entretiens avec son confesseur et d'autres religieux. Cette uniformité si pénible, si courageuse et si paisible, se soutint quatre mois ; et il mourut en 1723, à l'âge de quatre-vingt-dix ans.

Le duc de Lauzun ne fut pas le seul grand seigneur qu'à la même époque les vicissitudes de la fortune précipitèrent dans une prison d'état. L'affaire des poisons, qui fit tant de bruit en France, y entraîna un grand nombre de personnes illustres. Cette affaire épouvantable compromit les principales familles du royaume, et commença en 1662. Elle fit, entre autres, périr sur l'échafaud la marquise de Brinvilliers, regardée comme la première qui ait pratiqué et enseigné en France l'art de faire usage des poisons. Mais antérieurement, la reine Marie de Médicis avoit amené à sa suite des Italiens, pour lesquels ce crime affreux n'avoit rien d'étranger. Le maréchal de Luxembourg fut enveloppé dans l'accusation terrible dirigée contre la Brinvilliers. Les personnes les plus innocentes, comme les plus criminelles, furent compromises. Un perfide délateur, nommé Lesage, osa attester que ce grand général avoit fait composer des poisons; qu'il avoit conspiré même contre la personne du roi. Comment, dans un siècle aussi éclairé, se trouva-t-il des ministres capables de prêter l'oreille à de telles absurdités ? Le calomniateur ne put prouver ces accusations inouies. Le maréchal de Luxembourg n'en resta pas moins plusieurs années à la Bastille. La chambre royale de l'Arsenal, chargée par le roi de juger définitivement toutes les accusations du crime de poison, en déchargea le duc de Luxembourg, par arrêt du 14 mai 1680. Le roi fit aussitôt sortir de la Bastille ce seigneur, et lui ordonna de se retirer dans une de ses terres, et de se tenir à vingt lieues de Paris. Cet exil dura jusqu'à ce que la guerre obligea Louis XIV de remettre cet habile général à la tête des armées.

L'intendant du maréchal de Luxembourg (Pierre Bonnard), regardé comme son complice, fut condamné à faire amende honorable, la corde au cou, et aux galères perpétuelles.

Ce qui donna lieu au soupçon contre le maréchal, et rendit plus vraisemblable l'accusation, c'est qu'il avoit eu la foiblesse de consulter des astrologues et des devins, sur la fortune et la durée de la vie de quelques personnes de la cour, et que ces prétendus devins ayant été soupçonnés d'empoisonnement et arrêtés en conséquence, il se trouva un scélérat qui, pour éviter la punition de ses crimes, dénonça plusieurs personnes estimables de la cour, dont le maréchal de Luxembourg fut du nombre.

Lesage et le prêtre Guibourg, détenus long-temps à Vincennes, passoient pour des savans, et sous prétexte de chercher des trésors et de prédire l'avenir, ils composoient des poisons, et en fournissoient à tous ceux qui avoient recours à leur horrible ministère, pour abréger les jours de proches parens ou d'ennemis particuliers. Ils joignoient la superstition au crime d'empoisonnement. Des prêtres impies et scélérats, gagnés par une somme d'argent, disoient des messes et des évangiles pour obtenir du ciel la mort des parens dont vouloient hériter ceux qui les mettoient en œuvre : ils prononçoient ces paroles exécrables jusque dans des cabarets, revêtus de surplis et d'étoles.

Le fait que nous allons rapporter, fera voir que le même Lesage, habile escamoteur, abusoit de la simplicité des grands seigneurs de son temps, tout aussi crédules et superstitieux que ceux des siècles qui avoient précédé.

La duchesse de Bouillon, une des nièces du cardinal Mazarin (1), fut accusée par la Voisin, autre empoisonneuse de ce siècle, d'avoir offert à Lesage une somme considérable en espèces d'or, pour l'engager à exécuter le dessein qu'elle avoit formé de se défaire du duc de Bouillon son mari, afin d'épouser le duc de Vendôme.

Madame de Bouillon avoua seulement qu'il étoit vrai que la Voisin étoit venue chez elle, et lui avoit dit que la sachant curieuse des choses surnaturelles, elle lui faisoit part qu'elle avoit à sa disposition un très-habile homme (Lesage), qui sa-

---

(1) Une autre de ses nièces, la comtesse de Soissons, fut aussi impliquée dans cet horrible procès, et décrétée de prise de corps : mais elle jugea à propos de prendre la fuite.

voit faire des merveilles. Madame de Bouillon, quelques jours après, en informa le duc de Vendôme et autres personnes de sa connoissance. Curieux de voir cet homme extraordinaire, ils se rendirent tous chez la Voisin. Mais cette femme leur apprit que le nécromancien ne pouvoit opérer qu'en la présence seule du duc de Vendôme, renfermés l'un et l'autre dans un cabinet. La duchesse de Bouillon, à force d'instances, obtint qu'il lui seroit permis d'être en tiers. Retirés tous les trois dans un lieu particulier, elle lui demanda ce qu'il savoit faire de plus surprenant. Il lui répondit qu'il brûleroit, en sa présence, un billet sur lequel on auroit écrit quelques demandes, et qu'il le feroit retrouver où l'on voudroit. En conséquence, M. de Vendôme écrivit deux questions, dont l'une avoit pour but de savoir où étoit alors le duc de Nevers, et l'autre si le duc de Beaufort avoit perdu la vie. Ce billet ayant été cacheté, Lesage le lia avec du fil, et y mit du soufre avec quelques cuveloppes de papier; après quoi M. de Vendôme prit le paquet, qu'il brûla lui-même sur un réchaud (1), en présence de la duchesse de Bouillon. Cette opération supposée magique étant achevée, Lesage assura qu'il feroit retrouver le billet mystérieux dans une porcelaine de l'appartement de madame de Bouillon; promesse qu'il n'effectua point. Mais deux ou trois jours après, le soi-disant magicien rapporta l'écrit à la duchesse. Elle en fut aussi surprise qu'effrayée, sur-tout en voyant le billet cacheté et intact.

Le duc de Vendôme, informé de ce tour d'escamotage, qui paroissoit diabolique, ne sut qu'en penser; il vouloit qu'on obligeât Lesage à brûler un autre billet, et à le faire retrouver ensuite avec une réponse. La duchesse envoya chercher cet homme, qui vint chez elle : il recommença l'opération, et dit, en souriant,

---

(1) Le réchaud étoit à double fond, et un autre papier fut adroitement brûlé. *Voyez la Magie Blanche, par Decremps.*

qu'avant de recourir aux flammes, il falloit ajouter deux pistoles pour les sibylles. Le billet fut ensuite brûlé comme la première fois. Lesage promit qu'il reparoîtroit bientôt, et se retira, se moquant en lui-même de la sottise de ces nouvelles dupes. Le billet ne fut point reproduit ; la duchesse en conçut de l'inquiétude, envoya plusieurs fois chez Lesage, et y passa elle-même. Enfin, après plusieurs excuses, cet homme rusé et perfide vint chez madame de Bouillon : il lui dit que les sibylles étoient pour le moment trop occupées, et ne pouvoient satisfaire à sa demande. Cette excuse parut très-ridicule à la duchesse, qui s'en moqua avec ses amis, et l'écrivit même à son mari le duc de Bouillon, alors à l'armée.

La duchesse étoit accusée d'avoir écrit elle-même ce dernier billet, dans lequel elle demandoit la mort de son mari : elle l'avoit mis dans les mains de Lesage pour qu'il fût réduit en cendres à l'instant ; mais celui-ci eut l'adresse de l'escamoter, et il le produisit dans le procès qui fut intenté contre cette dame, que son rang seul garantit d'une punition sévère. Elle en fut quitte pour être exilée de la cour.

Lesage, en 1679, accusa Louis de Clermont, comte de Saissac, d'avoir cherché les moyens de se défaire du comte son frère, et d'avoir fait travailler chez lui à des essences dangereuses. Ce seigneur, quoique innocent, prit la fuite, et ne reparut qu'en 1691 : il se constitua prisonnier à la Bastille le 4 novembre de la même année, pour purger sa contumace. Il fut déchargé de l'accusation le 4 décembre 1692.

Enfin nous rapporterons pour dernier trait de la scélératesse de Lesage, qu'il soutint, par déclaration spéciale, que le marquis de Feuquières, colonel d'un régiment d'infanterie, âgé de trente-un ans, lui avoit offert deux mille livres de rente, pour l'aider à se défaire, par le poison, du proche parent d'une jeune personne qu'il vouloit épouser, et qui s'opposoit à son dessein.

Détaillons maintenant quelques-uns des crimes de l'abbé Guibourg, qui fut aussi détenu à Vincennes, et qui étoit bien digne d'être l'associé de l'abominable Lesage. Etienne Guibourg, prêtre, âgé de soixante-onze ans, et aumônier du comte de Montgomeri, étoit très-habile dans l'art funeste de composer des poisons. Il prêtoit son horrible ministère à tous ceux qui promettoient de le payer. Il faisoit lui-même les poudres empoisonnées, et les débitoit comme si c'eût été des drogues ordinaires de la pharmacie. Parmi les différentes sortes de préparations auxquelles il s'appliquoit, il employoit une plante nommée *avium risus*, et qu'il appeloit grenouillette : ce poison fait mourir en riant si l'on en prend beaucoup, ou plutôt il occasionne dans les muscles de la bouche et des joues une contraction qui donne aux victimes expirantes, l'apparence d'un rire intarissable.

L'abbé Guibourg varioit les drogues qu'il employoit, afin qu'elles ne fissent pas toujours le même effet. Il les faisoit prendre aux victimes, dans du vin, des confitures, des gâteaux feuilletés, ou dans des bouillons, et défendoit sur-tout d'en mettre sur de la viande, à cause des inconvéniens qui en pouvoient résulter.

Le sacrilège étoit le moindre de ses crimes. A la sollicitation d'un gouverneur des pages de la petite écurie, il célébra plusieurs fois la messe sur le ventre de différentes femmes. On le conduisoit, les yeux bandés, jusqu'à l'endroit où ce sacrilège devoit être commis, et on le ramenoit avec les mêmes précautions. Ces messes lui étoient payées fort cher : il en célébra une dans une masure à St.-Denis, pour laquelle il reçut vingt pistoles. Après la consécration, il prononçoit la conjuration qu'on lui avoit prescrite ; elle étoit ordinairement conçue en ces termes : « Je vous » conjure, esprits, dont les noms sont » écrits dans ce papier ; je vous conjure » d'accomplir la volonté et le dessein de

» la personne pour laquelle cette messe
» est célébrée. »

Laserre, pharmacien, demeurant aux environs de la montagne Sainte-Geneviève, faisoit toutes les distillations des drogues vénéneuses dont avoit besoin la nommée Lagrange, qui excelloit aussi dans l'art de préparer les poisons; il avoit une liaison intime avec cette femme perverse, et connoissoit tous ses crimes. Il fut arrêté comme son complice, et renfermé au donjon de Vincennes, au mois d'avril 1679; il y mourut trois mois après sa détention, et échappa de la sorte au supplice qui termina les jours de la nommée Lagrange, et des autres empoisonneurs dont nous venons de faire mention.

La femme Lagrange ne se bornoit pas à composer et à vendre des poisons. Etant veuve, elle fut entretenue pendant plusieurs années par un nommé Faurie, avocat au conseil, qui, soit scrupule ou dégoût, résolut de rompre un tel commerce et de se retirer dans son pays natal.

La femme Lagrange s'efforça de retenir dans ses filets un homme qui lui étoit infiniment utile. N'ayant pu réussir à le captiver plus long-temps, elle résolut de l'empoisonner, de se faire passer pour sa veuve, en vertu d'un mariage clandestin, et de s'approprier ainsi une partie de la succession, qui montoit à quarante ou cinquante mille écus. Pour réussir dans ce dessein criminel, elle imagina une ruse fort singulière. Peu de jours avant la mort de l'avocat Faurie, elle se rendit dans l'étude d'un notaire de Paris, accompagnée d'un prêtre déguisé, qu'elle fit passer pour l'avocat au conseil; ils firent dresser et ils signèrent chez ce notaire un contrat de mariage. Le même prêtre, curé de Launay-Villiers, canton du Maine, donna ensuite un certificat en forme de la célébration de ce mariage prétendu. Mais Faurie étant décédé avec des symptômes de poison, la veuve Lagrange et l'indigne curé furent arrêtés et mis dans deux prisons différentes. Leur procès criminel

minel dura l'espace de deux ans, par les incidens qu'ils eurent l'adresse de faire naître. La vérité fut enfin reconnue, et ils subirent l'un et l'autre la punition qu'ils avoient si justement méritée.

Nous allons passer maintenant aux circonstances de la détention de Jean Cardel, calviniste, qui s'étoit établi à Manheim, dans le Palatinat, long-temps avant qu'il fût question en France de persécuter les réformés.

Son père, riche protestant, avoit à Tours une manufacture d'étoffe d'or et de soie. Le jeune homme n'eut pas plutôt atteint l'âge de l'adolescence, qu'il voulut voyager. Après qu'il eut dépensé l'argent qu'il avoit emporté de la maison paternelle, il se détermina à faire quelques campagnes sur mer, et s'embarqua en Hollande en 1675, sur la flotte commandée par Ruyter, dont il étoit vivement protégé. Il montoit, en qualité de volontaire, le même vaisseau où ce fameux amiral avoit arboré son pavillon, et, se déclarant contre sa patrie, il combattit à côté de cet illustre marin, entr'autres dans les batailles navales que les Hollandais livrèrent aux Français, commandés par Duquesne. Dans une de ces batailles, l'amiral Ruyter perdit glorieusement la vie; ce qui obligea Cardel à quitter le service de la Hollande. Il alla établir de riches manufactures d'étoffes à Manheim, et épousa une demoiselle de cette ville, dont l'immense fortune ne devoit être partagée qu'entre elle et sa sœur cadette. Il se voyoit au comble de ses vœux, lorsque l'hospitalité que son beau-père et lui exercèrent envers un monstre d'ingratitude, le précipita dans un abîme de malheurs.

Le nommé Desvalons, fils d'un avocat de Paris, s'étant battu en duel et ayant tué son adversaire, s'enfuit dans le Palatinat. Réfugié à Manheim, il se donna pour un zélé protestant, et fut accueilli par Cardel et son beau-père, qui le logèrent dans leur maison, et en eurent autant de soin que s'il eût été leur plus proche parent. Desvalons ne tarda pas à devenir amoureux de la belle-sœur de Cardel, non pas à cause de sa beauté, mais parce qu'elle avoit une dot de cinquante mille écus. Le peu de fortune de Desvalons, et sur-tout sa mauvaise conduite, ne parloient point en sa faveur. Dédaigné de sa maîtresse, et de ceux à qui l'intérêt lui faisoit desirer de s'allier, les sentimens de tendresse qu'il affectoit se changèrent en fureur : il jura la perte de Cardel, qu'il regardoit comme le principal auteur du refus qu'il avoit éprouvé. Pour réussir dans son coupable dessein, il alla trouver secrètement l'envoyé de France, et lui confia faussement que le nommé Cardel s'étoit engagé à se rendre l'assassin de Louis XIV. Il composa si bien cette odieuse accusation, qu'elle parut vraisemblable. La cour de France ordonna à son envoyé de faire arrêter Cardel à quelque prix que ce fût. Une invitation perfide l'attira dans un village voisin, où il fut enlevé par cent dragons de la garnison de Landau, qui le conduisirent, chargé de chaînes, à Strasbourg; de là, un exempt de police et plusieurs archers l'amenèrent au donjon de Vincennes, au mois de novembre 1685, où il resta quelques années, et ensuite on le renferma dans la Bastille. De Besmaux, qui en étoit alors gouverneur, se distinguoit par sa douceur et son humanité envers les prisonniers. Le malheureux Cardel mourut en 1715, après trente années de captivité, malgré qu'il eût été réclamé par toutes les puissances de l'Europe.

C'étoit un homme d'une très-grande taille, approchant de six pieds; d'un tempérament robuste et vigoureux, qu'eurent de la peine à affoiblir les cruels traitemens qu'il éprouva dans sa longue captivité. Cardel étoit d'une extrême piété : il avoit appris par cœur une partie du nouveau Testament. Etre protestant, et avoir reparu en France pour y voir sa famille, fut la cause principale de sa longue détention. On le renferma d'abord à Vincennes, et ensuite à la Bastille. Sa mère, femme respectable, ayant eu avis de l'injuste emprisonnement de son fils, accourut solliciter sa délivrance ; mais la Reinie, alors lieutenant-général de police, lui déclara, dit-on, que tant que Louis XIV vivroit, Cardel ne pourroit obtenir sa liberté. Cette femme, désespérée d'une telle rigueur, et craignant pour elle et pour ses autres enfans, prit la résolution de quitter la France avec toute sa famille : mais elle fut arrêtée en exécutant ce dessein, et jetée dans une prison de Paris, justement nommée *la Rapine*, où pendant dix-huit mois on lui fit souffrir les plus mauvais traitemens, pour la faire changer de religion. On poussa même la cruauté jusqu'à la contraindre à coucher entre deux corps morts. Mais elle eut le bonheur de s'évader de cette horrible prison, et de sortir de France avec sa fille, et cinq enfans de cette dernière, qu'elle conduisit à Amsterdam.

Un prêtre, le prieur Lemière, fut mis à la Bastille le 25 juin 1689 : on l'accusoit d'avoir su les détails d'un complot pour empoisonner le roi, et d'en avoir même connu les auteurs. On l'accusoit aussi d'avoir fait avorter, avec des drogues pernicieuses, une fille enceinte des œuvres d'un curé dont il étoit parent. L'enfant mort fut porté secrètement dans la maison, et mis derrière le chevet du lit du curé, qui l'enterra lui-même sous un coffre de la sacristie.

Tous les faits ayant été prouvés, le prieur Lemière fut condamné à mort, et exécuté, après avoir subi la question ordinaire et extraordinaire.

Il avoit pour complice le nommé Suart, qui se donnoit pour médecin-chimiste, mais qui ne s'appliquoit qu'à composer des poisons. Ce prétendu chimiste, renfermé au donjon de Vincennes, vit bientôt tous ses crimes mis au grand jour, et fut forcé d'en faire lui-même un tardif et sincère aveu. Il avoit eu l'effronterie de contrefaire un brevet du roi, scellé en la forme ordinaire, et signé Louis et Colbert, portant permission de tenir le laboratoire et les fourneaux qu'il avoit pratiqués dans sa maison.

FIN DU SECOND VOLUME.

TABLE
DES CHAPITRES
DU PREMIER VOLUME.

~~~~~~

CHAPITRE PREMIER.

Description du donjon et du château de Vincennes.—Anecdotes sur quelques-uns des Artistes qui contribuèrent à la construction et à l'embellissement de ce château. Page 17.

CHAPITRE II.

De la Sainte-Chapelle de Vincennes.—Particularités curieuses sur ce monument.—Trésor de la Sainte-Chapelle et reliques qu'on y vénéroit.—Histoire de celle qu'y fit apporter saint Louis.—Réglemens singuliers établis par les chanoines de la Sainte-Chapelle de Vincennes. Page 32.

CHAPITRE III.

Événemens extraordinaires concernant la résidence de plusieurs rois de France dans les différens châteaux de Vincennes, ainsi que de leurs principaux ministres, et de plusieurs princes et personnages illustres, soit français, soit étrangers.— Saint Louis y réside ordinairement, et y rend la justice, assis sous un chêne.— Philippe II épouse, à Vincennes, Marie, princesse de Brabant, sa seconde femme, et y reçoit le même jour l'hommage.— Ligue d'Edouard, roi d'Angleterre.— L'arrestation du favori Pierre de la Brosse y est décidée.—La reine Jeanne de Navarre y meurt en 1304. Page 44.

CHAPITRE IV.

Louis fait enfermer Enguerrand de Marigny dans le vieux château de Vincennes.—Supplice de cet ancien favori. —Séjour de Philippe de Valois à Vincennes. Page 53.

CHAPITRE V.

Du roi Jean.—Malheurs de son règne. —Ils sont réparés par Charles V.—Sages lois qu'il promulgue à Vincennes.—Il y reçoit magnifiquement l'empereur d'Allemagne, et son fils le roi de Bohême et des Romains.—Charles V meurt dans le château de Vincennes. Page 67.

CHAPITRE VI.

Démence de Charles VI, et accidens extraordinaires.—Guerre civile allumée dans Paris et dans toute la France.—Le duc de Bourgogne se propose d'enlever Charles VI dans une partie de chasse à Vincennes : il échoue dans l'exécution de ce projet.—Isabelle de Bavière tenoit sa cour à Vincennes.—Fin tragique d'un de ses amans, qui se rendoit auprès d'elle. —Cruautés exercées tour-à-tour par les Armagnacs et les Bourguignons. Page 83.

CHAPITRE VII.

Suites funestes des galanteries qui avoient eu lieu à Vincennes.—Isabelle de Bavière veut mettre sur le trône de France,

Henri V, roi d'Angleterre.—Ce prince meurt au château de Vincennes.—Séjour d'Henri VI dans ce même château.— Mort d'Isabelle de Bavière. Page 100.

CHAPITRE VIII.

Le Château de Vincennes est pris sur les Anglais, qui s'en emparent de nouveau.—Un officier français le reprend par escalade.—Glorieux succès de Charles VI.—Fin malheureuse de ce monarque. —Louis XI habitoit souvent le château de Vincennes.—Ligue du bien public, et guerre occasionnée par l'ambition des princes du sang.—Auguste cérémonie dans le château de Vincennes.—Dévotion outrée de Louis XI; ses cruautés; sa mort.—Sous le règne de ce monarque, le château de Vincennes devient une prison d'état. Page 110.

CHAPITRE IX.

Hymne chantée par ordre de Louis XII dans la Sainte-Chapelle de Vincennes, et adoptée depuis dans toutes les églises de France.—Quelques particularités sur le bon roi Louis XII.—Mort de Charles IX à Vincennes.—Mariage que fait célébrer Henri III dans ce château.   Page 118.

CHAPITRE X.

Guerre civile du Calvinisme.—Conjuration d'Amboise.—Robert Stuart, prisonnier à Vincennes, est réputé complice de cette conjuration.—Il s'évade, et tue, dans une bataille, le connétable de Montmorenci.—Il est tué lui-même à la bataille de Jarnac.   Page 125.

CHAPITRE XI.

Mort de Charles IX au château de Vincennes, et particularités à ce sujet.— Henri III faisoit de fréquentes parties de plaisir à Vincennes.—Il y fait célébrer le mariage du duc d'Epernon, son favori, avec la comtesse de Candale.— Renouvellement de la guerre civile.—Le château de Vincennes se soumet aux ligueurs.—Il est repris par les royalistes. —Les ligueurs en font ensuite le siége.— Belle défense du capitaine Saint-Martin, commandant de Vincennes.—Pillage de ce château par les Parisiens. Page 132.

CHAPITRE XII.

Siége de Paris par Henri IV, qui attaque vainement le château de Vincennes. —La Bastille, ainsi que Vincennes, ouvrent enfin leurs portes à Henri IV.— Ce monarque prend en personne possession de Vincennes.—Gabrielle d'Estrée y accouche d'un prince, appelé César de Vendôme.—Sous le ministère de Richelieu, plusieurs princes et grands du royaume sont renfermés dans le château de Vincennes.—La princesse de Gonzague y est également détenue.—Richelieu découvre un complot tendant à enlever la duchesse d'Aiguillon, sa nièce, tandis qu'elle se promène à cheval dans le parc de Vincennes. Page 142.

CHAPITRE XIII.

Louis XIII est le premier roi de France qui ait chassé au tir à Vincennes.—Mort de ce monarque.—Troubles de la Fronde.

—Le duc de Beaufort est enfermé dans le donjon de Vincennes.—Chavigny est constitué prisonnier dans Vincennes, dont il étoit gouverneur.—Le grand Condé, le prince de Conti et le duc de Longueville y sont également enfermés, ainsi que le cardinal de Retz.—Particularités intéressantes à ce sujet. Page 152.

CHAPITRE XIV.

Mort du cardinal de Mazarin à Vincennes.—Particularités sur les derniers momens de ce ministre célèbre.—Prédilection de Louis XIV pour le séjour de Vincennes.—On y établit une chambre ardente.—Réception à Vincennes du prince royal de Danemarck, et des ambassadeurs du roi de Siam. Page 167.

CHAPITRE XV.

Louis XIV découvre par hasard, dans les jardins de Vincennes, l'amour secret qu'il avoit inspiré à mademoiselle de la Vallière.—Anecdotes à ce sujet.—Opinion de Louis XV sur Vincennes.—La reine douairière d'Espagne habite Vin-

cennes avant d'occuper le palais du Luxembourg. Page 183.

CHAPITRE XVI.

Gouverneurs du château, et commandans du donjon de Vincennes.—Suppression de cette Capitainerie et de la Lieutenance de Roi.—Faits relatifs au Donjon et au Château, et changemens arrivés aux deux édifices. Page 191.

CHAPITRE XVII.

Description du donjon de Vincennes comme prison d'état.—Mot remarquable de Cromwel à l'occasion de ce Donjon.—Régime qu'on y pratiquoit à l'égard des détenus. Page 216.

CHAPITRE XVIII.

Des plus anciens prisonniers de Vincennes, dont il est fait mention dans l'histoire.—L'amiral Chabot.—Robert Stuart.—Saint-Léger.—Le duc d'Alençon, frère de Charles IX.—Le roi de Navarre (Henri IV).—Les maréchaux français de Cossé-Brissac et Montmorenci. Page 238.

TABLE
DES CHAPITRES
DU SECOND VOLUME.

CHAPITRE XIX.

Particularités relatives aux prisonniers d'état renfermés dans le donjon de Vincennes, au commencement du dix-septième siècle.—Henri de Bourbon Condé, premier prince du sang.—Le maréchal d'Ornano.—Le duc de Vendôme et son frère, le chevalier de Vendôme, grand-prieur de France, tous les deux fils de Henri IV. Page 1.

CHAPITRE XX.

Particularités sur la détention dans le donjon de Vincennes de Marie-Louise, princesse de Gonzague, reine de Po-

logne, et de Jean Casimir II, roi de Pologne; et anecdotes intéressantes sur ces deux personnages célèbres.—Détention du duc de Puilaurens à Vincennes, et de plusieurs autres prisonniers de marque. Page 35.

CHAPITRE XXI.

Particularités intéressantes sur la détention, à Vincennes, de l'abbé de Saint-Cyran; de Jean de Werth; du comte de Lamboi, général allemand, et autres prisonniers de guerre; et du comte de Montrésor. Page 63.

CHAPITRE XXII.

Détention du duc de Beaufort dans le donjon de Vincennes.—Son évasion en 1648.—Le marquis de Chavigni, gouverneur de Vincennes, est renfermé dans le Donjon.—Détention du maréchal de Rantzaw; de Louis II de Bourbon Condé, surnommé le Grand; de son frère le *prince de Conti, et de son beau-frère le duc de Longueville.* Page 102.

CHAPITRE XXIII.

Arrestation du cardinal de Retz, archevêque de Paris, et particularités sur sa détention à Vincennes.—Anecdotes sur d'autres prisonniers célèbres, renfermés dans cette même prison d'état. Page 152.

CHAPITRE XXIV.

Détention à Vinceunes du surintendant des finances Fouquet.—Détention de Pierre Talon, trésorier de l'extraordinaire des guerres.—Du duc de Lauzun, capitaine des gardes-du-corps, et général des dragons.—De Lesage, prétendu physicien et chimiste.—De l'abbé Etienne Guibourg, aumônier du comte de Montgomeri.—De la Serre, pharmacien. —De Jean Cardel.—De Suart, médecin chimiste, et du prieur Lemière. Page 187.

FIN DE LA TABLE DU TOME II.

Contraste insuffisant

NF Z 43-120-14